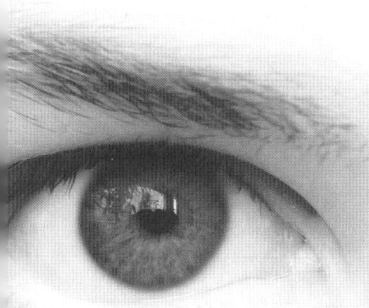

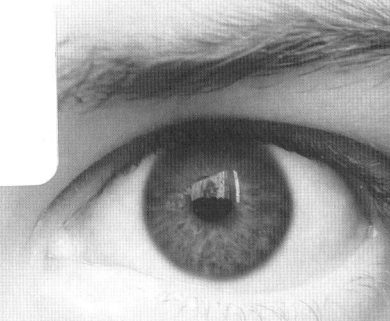

NOVA TERRA

Nova Raça Humana

ÍNDIGOS E CRISTAIS

MÔNICA DE MEDEIROS

NOVA TERRA
Nova Raça Humana

ÍNDIGOS E CRISTAIS

© 2022, Madras Editora Ltda.

Editor:
Wagner Veneziani Costa (*in memoriam*)

Produção e Capa:
Equipe Técnica Madras

Revisão:
Silvia Massimini Felix
Jerônimo Feitosa

Dados Internacionais de Catalogação na Publicação (CIP)
(Câmara Brasileira do Livro, SP, Brasil)

Medeiros, Mônica de
Nova terra, nova raça humana índigos e cristais/
Mônica de Medeiros. – São Paulo: Madras, 2022.

4. ed.

ISBN: 978-85-370-1092-1

1. Autoajuda 2. Crescimento pessoal
3. Espiritualidade 4. Evolução humana 5. Habilidades
psíquicas 6. Vida religiosa I. Título.

17-07446   CDD-248.4

Índices para catálogo sistemático:
1. Crescimento pessoal: Vida espiritual 248.4

É proibida a reprodução total ou parcial desta obra, de qualquer forma ou por qualquer meio eletrônico, mecânico, inclusive por meio de processos xerográficos, incluindo ainda o uso da internet, sem a permissão expressa da Madras Editora, na pessoa de seu editor (Lei nº 9. 610, de 19/2/1998).

Todos os direitos desta edição reservados pela

MADRAS EDITORA LTDA.
Rua Paulo Gonçalves, 88 – Santana
CEP: 02403-020 – São Paulo/SP
Caixa Postal: 12183 – CEP: 02013-970
Tel. : (11) 2281-5555 – Fax: (11) 2959-3090
www. madras. com. br

Índice

Apresentação		 9
Prefácio	Sendo um Índigo	 11
Introdução	Existe Esperança	 15
Capítulo 1	Seres Diferentes	 19
Capítulo 2	DNA: o Código Universal	 29
Capítulo 3	Inteligência Racional	 41
Capítulo 4	Inteligência Emocional	 51
Capítulo 5	Inteligência Espiritual	 65
Capítulo 6	Índigos	 75
Capítulo 7	Cristais	 95
Capítulo 8	Educando Índigos e Cristais	 109
Capítulo 9	Convivendo com esses Seres Especiais – Missão dos Adultos de Hoje: Refazer a Família	135
Capítulo 10	Sou Índigo? Sou Cristal? E isso é Fundamental?	145
Capítulo 11	Nova Terra	 149
Capítulo 12	Nova Raça Humana	161
Capítulo 13	A Vida em um Planeta de Regeneração	167
Links	Crianças Especiais em Ação	175

Dedicatória

Este livro é dedicado a todos os pioneiros que se oferecem para a missão de reconstruir a Terra, em busca de um novo patamar em que fraternidade e paz são as metas ansiadas.

Aos Espíritos já conscientes de si mesmos e aos Espíritos em despertar, vindos de estrelas distantes ou já habitantes por aqui.

Aos humanos normais que procuram se conhecer e estabelecer novos paradigmas para a atual humanidade despertar das ilusões das quais é voluntariamente refém.

Aos animais em todos os níveis evolutivos que são as grandes vítimas dos inconscientes hominais habitantes planetários. Bem como aos vegetais e minerais.

Tenham paciência, tudo vai mudar. Perdoem-nos por sermos insensíveis ao Todo.

Aos Mentores espirituais de todos os seres na Terra, pela enorme tarefa de aconselhar, torcer e esperar o tempo de cada um para se tornar consciente de si mesmo e da Verdade Maior.

Aos frequentadores da Casa do Consolador, nesses maravilhosos 25 anos de convivência e descobertas. Aprendizado incomensurável.

Aos amigos que apoiam os sonhos e se fazem presentes tanto nas horas difíceis como nas alegres.

Aos companheiros da Casa do Consolador.

À minha família, encarnada e desencarnada.

Este livro é, sobretudo, para duas pessoas que falam direto ao meu coração:

Minha querida mãe índigo, Tereza, que tem feito a diferença para muita gente carente de tantas coisas que cruzam seu caminho.

Uma mulher que superou imensas dificuldades e descrenças, tornando-se referência para muitas almas cansadas que encontram em seu generoso coração o oásis onde descansam e se abastecem. Uma mulher com toque de Midas porque é capaz de produzir sempre, visando ao Bem Maior. Minha querida amiga.

E a grande responsável por minha busca da mansidão em mim: Margarete Áquila, um ser índigo que está se tornando cristal. Sem ela, este livro não sairia da lista de "coisas a serem feitas". Sem ela eu não teria descoberto tantas possibilidades. A voz suave reflete a alma gentil e generosa, a visão daqueles que já voam. Minha referência para crescer.

In memoriam Tia Cema.

"GRATIDÃO NÃO SE FAZ COM PALAVRAS, MAS COM AÇÕES" – um Mentor

"A Luz brilha sobre todos, sem distinção. O calor ou o frio não escolhem cor de pele, ou posição social. As flores encantam quem tiver olhos para ver. Os pássaros embalam quem tiver ouvidos para ouvir. Logo, não existem favoritos para a energia primaz, nem para sua origem, a Fonte Criadora. Se assim é, cada um determina se deve rastejar ou se prefere voar. Tudo depende apenas das escolhas feitas."

RAMON DE AVELAR "ESPANHOL"

Apresentação

Este livro pretende ser uma ferramenta para quem compartilha a vida com um ser especial, com a missão de educar esse Espírito para que ele possa atingir seu potencial maior e realizar sua missão, em benefício próprio e de todo o planeta.

Imensa pretensão, mas feito a pedido de Mentores, para atender amigos de muitas terras que querem saber mais depois de minhas palestras sobre o assunto.

Refiro-me sempre a Espíritos, já que a ciência ainda não detecta mudanças nos corpos e, tampouco, em espíritos.

Não é um livro apenas para os espíritas, mas tem, certamente, seus fundamentos nessa doutrina que me foi ensinada desde cedo e que ganhou corpo dentro de mim quando, aos 11 anos, li *O Livro dos Espíritos*. Embora eu seja universalista de base cristã (não tem nada a ver com uma igreja que usa a palavra universal), a doutrina espírita permanece como minha base mais sólida e minha maior referência, e é minha crença e minha prática como médium que acredita que se deve dar de graça o que de graça recebemos.

Este livro baseia-se em observações feitas ao longo de 11 anos convivendo com esses novos peregrinos e em minha própria vida.

Sou índigo. Portanto, vivo a experiência de tentar crescer contra minhas imperfeições a cada dia, muito mais perdendo que ganhando essa guerra infinita. Um dia, chego lá.

Gratidão a quem o ler!

Prefácio

Sendo um Índigo

Eu e Mônica desenvolvemos uma amizade muito forte quando percebemos que, de uma forma ou de outra, somos bem parecidas. Notamos traços de índigos em nossas crenças e propostas de vida. Se sou mesmo, na verdade não posso dizer. Só sei que do meio em que nasci sou bem diferente, como que uma estrangeira. Nasci em uma família tipicamente católica, com pais muito simples, sem conhecimentos que pudessem nos passar, além de sentimentos essenciais como amor e respeito. Meus amigos da época eram bem comuns, sem grandes influências políticas, sociais e de conhecimentos rasos.

Parei para pensar sobre os caminhos que percorri em minha vida e que deram sinais de que algo muito especial estava traçado para minha existência nesta encarnação e bem nesta época da atual humanidade.

Passei um olhar rápido por minha infância, de onde trazemos nossos traços mais puros da personalidade. Desde que tinha 2 anos e guiava toda a minha família andando à frente de todos os irmãos e pais até a natural liderança nas brincadeiras com os irmãos, em que defendia os mais fracos, brigava na escola para proteger minha irmã mais velha, e era muito criativa.

Não era um anjo de candura e ainda não sou. Meus pais sofriam com meu gênio bravo, eu discutia e argumentava sobre o que não concordava, era e sou questionadora, queria justificativas convincentes para mudar de opinião. As regras tinham de ser discutidas e muitos paradigmas eram quebrados por mim dentro de casa e na escola, e meus pais sofreram para se adequar aos padrões diferentes e irreverentes de acordo com os quais eu vivia.

Minha mãe sempre me perguntou e pergunta até hoje: por que você quer ser diferente em tudo? Por que não viver como nós vivemos?

Pensei até que havia um certo narcisismo e necessidade de me diferenciar do restante, mas acabei por entender que na verdade eu sempre quis ser eu mesma, respeitando os direitos dos outros de serem como são, mas respeitando aquilo que sou. É como se a roupa que visto tivesse de ser feita para meu tipo de corpo e não padronizada para mulheres magérrimas, sem quadril, sem barriguinha, que não é meu caso. Ser genuína é questão de sobrevivência para meu ser.

Os índigos e cristais não são melhores que ninguém. Pelo contrário, se sentem sempre devedores do mundo, com um compromisso não se sabe de quê, e, se não tomarem cuidado, tornam-se um perigo para si mesmos e para a sociedade. Têm interesses diferentes voltados para o social e para a espiritualidade; muitos facilidade nas áreas de biológicas, humanas, exatas e arte, independência; muitos desejam trabalhar por objetivos impessoais, pelo todo, pois sentem que o que fazem reflete sua alma, sua essência.

Para um ser diferente e que quer fazer algo substancial para o mundo, é de vital importância trilhar um caminho de autoconhecimento porque é grande a tendência à autodestruição, à rebeldia sem causa, agressividade e energia intensa, e por isso, sua atenção e energia devem ser canalizadas para uma mudança interior, fortalecendo seu senso de autocrítica, seu método de pensar mais estruturado e com clareza de seus defeitos e potenciais. Deve dirigir seus objetivos para um trabalho voltado para o bem comum. Somente assim poderá acalmar uma pressão interior muito forte, que o impulsiona para a ação. O caminho percorrido deve refletir a essência desses seres, caso contrário, ele sentirá um vazio e angústia interior.

Mônica retrata, neste livro, almas que estão presentes em um momento único da humanidade, em que um plano bem superior ao nosso deseja trazer seres diferentes, fortes em várias áreas, com inteligências diferenciadas, tanto espirituais, racionais, quanto emocionais para um propósito maior.

Dá uma visão das grandes mentes nascidas no século XIX preparando o terreno para a chegada às novas ciências e às conquistas que nós, do século XX, usufruímos.

Agora estamos sendo chamados para preparar quem vem no século XXI, com uma intenção de preparar a humanidade para mudanças estruturais da sociedade, de uma nova Terra, novas propostas de vida. Vendo a época atual de mudanças de era, de transição de um mundo de inconsciência para um mundo de consciência, temos um papel vital de receber esses seres diferentes, dar suporte emocional/ educacional, para que eles consigam realizar suas missões.

Mônica busca novas propostas de não utilizar padrões arcaicos ou fechados em um pacote onde todos são iguais e devem ser tratados com os mesmos limites.

Você já se perguntou por que está aqui, neste exato momento, neste local, país, família, cultura?

Acha que nasceu nesta época de grandes transformações, onde todas as formas de poder estão sendo questionadas, sistema financeiro, social, político? O panorama é de caos e desordem? Não parece que, em um âmbito mundial, há energias agitando todas as estruturas da sociedade para quebrar paradigmas, propor novas formas de organizar essa sociedade? Formas mais inteligentes, com raízes profundas no respeito, na dignidade, no trabalho para todos e não só para si?

A época não é mais dos índigos. Estamos atrasados, e muitos falharam perdendo-se em rebeldias e depressões. Viemos preparar o terreno para os cristais nascerem. E podemos correr atrás do prejuízo assumindo nossa evolução como espíritos divinos que somos e também aprender a cristalizar nessa evolução.

Mônica de Medeiros aborda, neste livro, assuntos de extrema importância e com uma visão ousada e atual, característica de seu trabalho e personalidade. Trata de assuntos de ciências de ponta, como novas descobertas de DNA e sua ligação com os índigos e cristais em um enfoque científico-espiritualista. Trata, também, de assuntos sobre a mente, em pesquisas bem atuais, em uma visão das inteligências espirituais e emocionais, de vital importância para formar um ser diferente. Por fim, trata da pedagogia mais interessante para educar esses seres. Mentes diferentes, educação diferente. Tem o panorama de como funcionam os mecanismos mentais/emocionais desses seres e propõe uma forma mais adequada de senti-los.

Nessa maravilhosa leitura, rica de conhecimentos e analogias em várias áreas da ciência, você poderá descobrir caminhos mais adequados no trato com essas pessoas diferentes, seja consigo mesmo, ou como pais, educadores ou profissional que lida com essas crianças e jovens.

Margarete Áquila

Introdução

Existe Esperança

Desde a época de Jesus, e até mesmo antes dela, correm boatos sobre o fim dos tempos.

Inconsciente coletivo? Provavelmente, sim.

A esmagadora maioria desses boatos fala de catástrofes, de mortes em massa, como se somente através de muita dor pudéssemos atingir um patamar de vida diferente do atual. Um novo mundo onde a mansidão e a brandura, nascidas por compreender-se a lei da fraternidade trazida por Jesus, serão a tônica da vida.

Mas será que a dor é o único caminho?

Se analisarmos a atual humanidade terrestre, facilmente percebemos que a crença na dor é bem mais forte do que no amor. Afinal, nossa cultura criou e cria esse paradigma. Por exemplo, em filmes de ação, o herói sofre o filme inteiro, quase morre antes de vencer os vilões que sempre estão em maioria. Em romances, escritos, filmados, televisados, o papel protagonista é sempre do mocinho ou da mocinha que sofre nas mãos dos pérfidos da trama, antes de a verdade ser estabelecida e o bem vencer, no final. Mas isso vem de milênios.

Os mártires cristãos elevavam-se aos céus pelo sofrimento nas arenas de horror dos romanos e pela fé. Percebam, dor e fé. Logo, a ascensão precisa das duas.

Na Idade Média, o que dava prazer era pecado.

Esse sistema de crenças na dor e no sofrimento como redenção e a resignação com o sofrimento, em grande parte, deram força ao mal porque o Bem aceita tudo. Será?

E a revolta, a raiva, o rancor, a mágoa que surgem nos corações dos "bons" e que os afastam da Luz e, consequentemente, da libertação das ilusões da terceira dimensão?

Serão esses sentimentos úteis ferramentas na evolução?

Embora contraproducentes, essas emoções menores são absolutamente compatíveis com a imaturidade espiritual que nos caracteriza e que nos coloca como residentes convictos de planetas de expiação e provas, onde predomina a dor. Nível em que está nossa Terra, já há milênios.

Então, para que um novo tipo de planeta possa ser estabelecido, com uma vibração superior, novos paradigmas precisam ser criados e alimentados pela humanidade, encarnada e desencarnada.

Contudo, a inércia é uma força imensa e tudo está sujeito a ela. Estamos onde estamos porque a inércia na forma de conformismo, de ilusões temporais, do desconhecimento da lei do carma nos mantém em uma posição falsa de conforto, ainda que nem todos se sintam cômodos com o *status quo*. Vivemos como se cada encarnação fosse única. Afinal, é o que pregam muitas religiões, até mesmo cristãs.

Logo, uma energia nova precisa ser envolvida no processo de transição. Uma energia que, de dentro para fora, movimente as mentes, fazendo-as pensar, rompa com formas retrógradas e imponha a necessidade de revermos nossos conceitos.

Como a misericórdia divina jamais abandona qualquer criatura, a atual humanidade terrestre passou a receber um influxo importante de Espíritos diferentes, a partir dos anos 1980, destinados a romper com véus milenares forjados pelo medo.

Os primeiros seriam transformadores. Os seguintes, pacificadores.

Mas, ainda que diferentes da grande maioria, são Espíritos necessitados de grande reformulação interior e, portanto, influenciáveis pela energia da massa crítica planetária (nome dado ao conjunto de vibrações emitidos pelos seres de um planeta, podendo ser negativo ou positivo, em diferentes gradações). E a influência do meio foi densa e poderosa.

Ou seja, as missões dos primeiros nascidos não foram realizadas como deveriam e muito do fracasso se deve à desestruturação das famílias. O progresso programado pelas diretrizes planetárias se arrasta a passos lentos.

Podemos analisar isso por um ponto de vista negativista e, então, chegarmos à errada conclusão de que fracassaram os planos.

Ou podemos escolher o otimismo e ver que, embora a passos lentos e sufocantes ações trevosas, o progresso vem se dando.

Quero, aqui, citar um ensinamento extraordinário de Albert Einstein, um índigo, em sua última aula em Princeton.

Einstein, após proferir excelente palestra, pegando o giz, desenhou um pequeno círculo no grande quadro-negro do anfiteatro, lotado que estava. Perguntou aos assistentes o que viam.

De novas teorias ao desdobramento da teoria da relatividade, vozes entusiasmadas elucubraram. Então, o sábio cientista disse: "Num quadro tão grande, a única coisa que veem é o círculo que desenhei".

Esse ensinamento procuro levar comigo a cada minuto.

Estamos cercados por ações nobres e não nobres. Mas são estas que nos chegam aos olhos e ouvidos, por meio de amigos, parentes, mídia.

O Bem não ganha manchetes, enquanto o mal eleva os índices de audiência. A dor é ótimo chamariz. Quem nunca reduziu a marcha do carro para olhar bem um acidente de trânsito?

Mas, a cada dia, ações benevolentes são realizadas por mais pessoas. A cada dia, uma alma desperta para a necessidade de outrem, seja um vegetal, um animal, um hominal.

Crescem em número as ações do Bem, ao lado de atos de violência em todos os níveis, da corrupção pública à destruição de vidas por prazer, sejam essas vidas de hominais, animais, vegetais ou minerais. Mas crescem os que se atentam por fazer o Bem. Os que lutam por aqueles que não têm voz ou força para se defender.

Leis para proteger crianças e adolescentes são aquisições recentes, inimagináveis há poucas décadas. Pode-se dizer o mesmo das leis de proteção aos idosos e aos animais, ou aos rios e matas.

Leis existem, não respeitadas, não compreendidas em sua essência, mas são um bom começo. Indicam uma expansão da consciência.

O mundo ficou menor com o advento da internet. Bem e mal utilizada, vem, indiscutivelmente, aproximando os povos.

A ciência terrestre é limitada, ditadora, julga-se absoluta, mas suas conquistas melhoram a qualidade de vida.

Nunca houve tanto conhecimento à disposição das pessoas comuns como atualmente. O que antes era exclusivo de iniciados e poderosos, agora está ao alcance dos interessados.

Então, mudanças estão ocorrendo. Pequenos círculos de mal, em um imenso quadro-negro, onde predomina a inércia ainda. E pequenos círculos do Bem, crescendo e começando a descobrir que, se coalescerem, serão muito mais fortes. O grande quadro-negro vazio que é a inércia da maioria, espero, se tingirá de giz claro.

Quando mudarmos o foco de nossa visão, poderemos perceber como estamos imersos em misericórdia divina.

Misericórdia que pode se manifestar até como seres diferentes. Seres que chegam deste e de outros planetas para evoluir e criar novas possibilidades.

Há esperança para a atual humanidade. Nasce a nova humanidade terrestre.

O planeta continuará a existir, mais belo que nunca. Escola bendita de redenção.

Capítulo 1

Seres Diferentes

Sempre nasceram crianças especiais. Eram chamadas de prodígios. Crianças capazes de realizar ações difíceis até mesmo para adultos. O Espiritismo, pela consciência da multiplicidade de existências, caracteriza essas crianças como Espíritos com acesso a encarnações anteriores e, por causa disso, a precocidade desaparecia ao final da primeira infância. O Budismo também as compreendia pela lei da reencarnação, mas, exaltando-as como seres conscientes que retornavam para missões especiais.

Mas o que acontecia depois com essas crianças diferentes? Não se tem relatos das mesmas ou de suas ações. O mundo não estava globalizado e não era assunto de interesse de pesquisa. Elas eram "bonitinhas", "engraçadinhas", "criancinhas". Raras, esporádicas. Os setentões devem se lembrar de Shirley Temple e Mickey Rooney, crianças prodígio das artes cênicas que se tornaram mundialmente conhecidas pelo cinema e por serem norte-americanas. Mas me lembro de quando era criança e assistir, na extinta TV Tupi, o noticiário exibindo imagens de um garoto soviético que regia uma orquestra. Tudo pontual e passageiro. Agora, nada mais será passageiro e muito menos pontual.

A parapsicóloga Nancy Ann Tappe (1931-2012) tinha a capacidade de ver tudo, quer fossem objetos, quer fossem seres vivos, em cores. Não as cores normais refletidas por pele, olhos, cabelos, roupas, mas cores que eram emitidas pelo campo energético das pessoas. Por isso, era descrita como sinestesista, ou seja, ver para ela gerava uma resposta de cor. Por exemplo, uma pessoa doente apresentava-se em tons escuros no local onde a doença estava.

Tappe desenvolveu um sistema pessoal de identificação de problemas pelas cores e ficou famosa, mundialmente, por seu trabalho, que denominou corologia (Corology), e por meio do qual analisava a personalidade pela cor que identificava. Tinha muitos pacientes nos Estados Unidos e Suíça, principalmente.

Incompreendida por quem não aceitava sua faculdade e amada por aqueles a quem auxiliava, Nancy lecionava e consultava. Para os que a acompanhavam, além da sinestesia, ela tinha a "visão", como diria sua avó escocesa. Ou seja, mediunidade ou paranormalidade.

Tappe descreveu 11 cores de personalidade mas, no final da década de 1960 e início dos anos 1970, Nancy começou a descrever crianças que via na cor azul-escuro, ou índigo. Preciso esclarecer que a cor predominante da aura é a soma das vibrações atômicas que compõe o corpo mental concreto e abstrato do indivíduo. A cor refletida e visualizada por clarividentes é, portanto, o *status quo* da psicosfera de cada um de nós.

A princípio, sem compreender o que aquela nova cor significava, Nancy começou a fazer observações e, após 40 anos, sentiu-se pronta para definir esses seres "novos", de novos padrões de comportamento e influência no meio.

Acabou por classificar os índigos em quatro grupos que merecerão maiores estudos à frente:

– HUMANISTAS: cuja missão é globalizar a humanidade por intermédio da tecnologia e das comunicações.

– ARTÍSTICOS: talentos naturais, em mais de uma área, sentem que podem trazer o céu à Terra.

– CONCEITUADORES: a eles cabe criar o novo, em tecnologia, ciências. São gênios em criar projetos.

– CATALISADORES: a estes cabe criar novos paradigmas, muitas vezes, por meio do próprio exemplo.

Convenhamos que 40 anos de observação, para uma especialista em analisar personalidades pela cor emitida pela pessoa, não podem ser menosprezados. Tappe captou algo novo na humanidade e trabalhou com esses seres diferentes.

Em maio de 1999, foi lançado o livro *As Crianças Índigo*, de Lee Carroll e Jan Tober. Ele, um economista que, em 1989, foi despertado para sua missão espiritual como canal de Kryon (uma entidade inteligente que nunca encarnou na Terra e que informa estar aqui há milhões de anos, monitorando a evolução da raça humana. Tem vários canais, sendo o norte-americano Carroll o mais conhecido). Jan é sua parceira de jornada física e espiritual. Esse livro já foi traduzido em 23 idiomas: espanhol, francês, alemão, chinês, hebraico, dinamarquês, italiano, grego, coreano, húngaro, búlgaro, russo, lituano, letão, japonês, holandês, finlandês, sueco, estoniano, indonésio, português, romeno e turco.

Ou seja, o assunto está globalizado e o interesse nasce da necessidade de pais e educadores, principalmente, e de pessoas alertas para o que está surgindo em compreender mais sobre esses irrequietos seres que invadiram a Terra e que estão exigindo mudanças.

Ainda rejeitado pela ciência tecnológica, fria e racional extrema, vem ganhando debates e espaço nas ciências humanas mais conceituais.

Basta ter olhos de ver para perceber que as crianças estão diferentes, mais rápidas no desenvolvimento neuropsicomotor, mais exigentes, mais senhoras de si, menos comandáveis, mais comandantes, chegando a ser ditatoriais em suas demandas.

Vamos analisar o desenvolvimento das crianças de cinco a três décadas atrás para as que vêm nascendo nos últimos 15 anos.

A maioria de nós, quando nasceu, era, depois de vestido, geralmente, enrolado em um cueiro, manta feita de lã, cuja função é deixar o bebê bem durinho (foto).

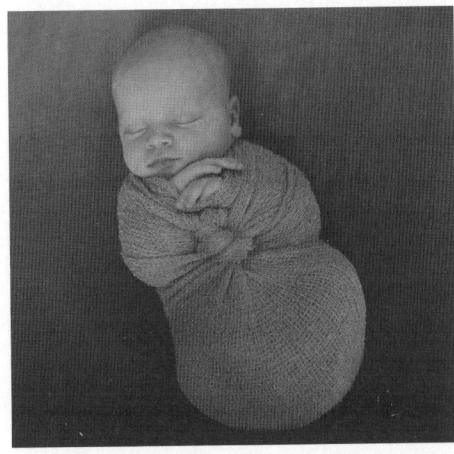

Acreditava-se que, em virtude do trauma do nascimento, pela luta de passar pelo canal de parto da mãe, envolver o bebê bem apertadinho lhe conferia uma sensação de segurança de ainda estar dentro do útero, evitando que chorasse.

Logicamente que, há quatro ou cinco décadas, não se faziam tantas cesáreas e o número de partos normais era enorme, realizado muitas vezes por parteiras, em casa. Mas, hoje, sabe-se que essa linha de pensamento dista da verdade e, assim, nada mais de amarrar os bebês. Atualmente, o cueiro ainda existe. Contudo, sem a função de amarrar o bebê, mas, sim, cobri-lo.

Considera-se que o desenvolvimento do bebê vai do nascimento até os 3 anos, nos níveis neurológico, psicológico e motor.

Ainda que cada bebê tenha seu próprio ritmo, a observação mostra que a maioria segue uma rotina de maturação do sistema nervoso central, apresentando evoluções no controle do próprio corpo progressivamente, em estágios etários bem definidos.

Sabemos que tal progresso dá-se da cabeça para o pescoço e de cima para baixo. Ou seja, o bebê controla os braços antes de controlar as mãos, as pernas antes dos pés. Esse progresso é lento, diário e imperceptível, dependendo, também, da saúde do bebê e da atenção, preferencialmente que não pretenda criar um campeão olímpico, e amor que ele recebe.

Considera-se desenvolvimento normal o seguinte ritmo:

– **Recém-nascido (do nascimento aos 28 dias de vida):** tem o tônus muscular reduzido no pescoço e troncos e aumentado nos braços e pernas. Assim, espera-se que o bebê leve esse período de tempo para conseguir segurar o pescoço, mantendo a cabeça. Nessa fase, o bebê tem movimentos de flexão hipertônica; preensão palmar (segurar instintivamente o que lhe toca a palma da mão); reações automáticas. Marcha automática, isto é, se colocado em pé (naturalmente, seguro pelo tronco), ele tem o reflexo de andar. Visão embaçada, desfocada, sem nitidez de cores e a melhor distância para ele ver é 45 centímetros, ou seja, quando está no colo (porque o olho ainda não está completamente formado ao nascer).

– **Primeiro mês**: sem controle da cabeça; preensão palmar; menos flexão e começa a extensão dos membros; se colocado de barriga para cima pode, eventualmente, acompanhar objetos até certo ponto e por curtíssimos períodos. Sorriso reflexo. Melhora do foco da visão e da percepção de cores.

– **Segundo mês**: se puxado para sentar, a cabeça cai para trás; pouca flexão; pernas fletidas; de barriga para cima, acompanha mais objetos por mais tempo. Começa a sorrir para os pais. Sorriso reflexo.

– **Terceiro mês**: reação labiríntica de segurar a cabeça, isto é, se colocado na posição "em pé", mantém a cabeça erguida. Desaparece a preensão palmar. Sorriso reflexo. Continua o amadurecimento da visão.

– **Quarto mês**: segura a cabeça sem dificuldades; inicia o movimento de rolar; segue objetos; começa a se comunicar com o meio. Início do sorriso social.

– **Quinto mês**: ótimo controle da cabeça; começa a segurar o que lhe interessa; leva objetos à boca; de costas, leva os pés à boca; começa a se arrastar. Sorriso social para os pais e os mais presentes em seu cotidiano.

– **Sexto mês**: vence a gravidade, quando deitado de costas; senta-se com apoio; rola melhor; alcança objetos que lhe interessem. Sorriso social. A visão das cores está bem próxima à do adulto e o bebê passa a se interessar por cores vivas.

– **Sétimo mês**: senta sozinho; começa a engatinhar; passa objetos de uma mão para outra.

– **Oitavo mês**: engatinha com mais desenvoltura; mantém postura sentada com mais equilíbrio; reflexos de defesa de quedas se tornam mais constantes; mastigação mais adequada; tenta ficar em pé com apoio; escala móveis; ajoelha para se levantar.

– **Nono e décimo mês**: engatinha bem; escala bem, mas não consegue descer; descobre a terceira dimensão (altura-largura-profundidade).

– **Décimo primeiro mês**: inicia marcha com mais equilíbrio, de um móvel para outro a curtíssima distância, cai sentado; anda apoiado; pega objetos no chão, quando em pé.

– **Um ano**: anda apoiado apenas por uma mão e tenta andar sozinho; bom equilíbrio em todas as posturas; mastiga quase como um adulto;

– **Um ano e três meses**: anda sozinho, embora ainda caia muito; sobe e desce escada com apoio;

– **Um ano e seis meses**: sobe e desce escada com um apoio; sobe e desce do sofá com facilidade; começa a empilhar cubos.

– **Dois anos**: sobe e desce escada sozinho; começa a pular com os dois pés; anda para trás; tem bom equilíbrio em todas as posições; cinestesia desenvolvida (sabe o que fazer com o corpo).

– **Três anos**: boa coordenação; pula com os dois pés; controla esfíncteres; empilha de oito a nove cubos.

A audição merece destaque porque ela se inicia na 21ª semana de vida intrauterina. O corpo materno é uma verdadeira orquestra para o bebê. São sons de alimentos chegando ao estômago pelo elevador que é o esôfago, os sucos digestivos produzem sons de água em canos, os gases parecem pequenas bombinhas, as articulações da mãe produzem sons de percussão, o sangue pulsa nas artérias, o coração é um surdo ritmado e potente. A voz da mãe chega ao bebê, bem como as vozes altas demais e palavras ditas perto do útero são ouvidas. Música ouvida tem grande impacto no desenvolvimento dos neurônios (células cerebrais) do feto. Músicas suaves são altamente benéficas no desenvolvimento do sistema límbico (relacionado com as emoções e a sede da síntese de neurotransmissores). Músicas agressivas, barulhentas (se é que podem ser chamadas de músicas), produzem tensões e reações de defesa no feto. Alteram o futuro desse bebê. Ainda que mais madura que a visão, ao nascer, a audição existe, mas não com a capacidade de o bebê entender o que ouve. Aos 2 meses, o bebê já consegue reconhecer o som da voz da mãe. Aos 3, se vira para a fonte que emite o som. Aos 5, reconhece o próprio nome e se vira para um som diferente.

Tudo isso é verdade para bebês normais, mas deixa de ser para os seres especiais que têm uma maior velocidade de maturação do sistema nervoso central e, consequentemente, de suas capacidades. Isto advém da maior capacidade mental dos Espíritos que são os seres especiais.

Os bebês índigo e, principalmente, os cristais apresentam desenvolvimento neuropsicomotor perceptivelmente diferenciado.

Ao nascerem, já abrem os olhos e focam o olhar, ainda que não seja possível definir, cientificamente, se a visão já está com nitidez diferenciada. Mas o ato de focar o olhar já evidencia uma evolução. Com horas de vida, já buscam a fonte do som, se estão em posição que lhes favoreça mover a cabeça. Muitos seguram a cabeça, quando colocados de barriga para baixo, na mão da mãe ou de quem lhe banha. Cerca de dez anos atrás, acompanhei o nascimento da filha de uma amiga que pediu minha presença, pois estive presente em toda a gestação, que foi de alto risco. Durante a gestação, conversei muito com o bebê. Foi uma cesárea complicada mas a criança nasceu bem. Fui ao berçário, mais tarde, para ver o bebê e ela estava recebendo seu primeiro banho. Ela estava de barriga para baixo e, quando ouviu minha voz, levantou a cabeça imediatamente. Essa criança é índigo e se desenvolve com todas as características destes. Esses dados de observação serão detalhados nos capítulos específicos, adiante.

É importante compreendermos que as diferenças existem, mormente, no que tange à harmonia vibratória entre os corpos multidimensionais.

Para compreender melhor, precisamos, antes, entender que somos Logos de um universo chamado "EU".

O sábio Hermes Trimegisto, também conhecido como o deus Toth dos egípcios e o deus grego Hermes, escreveu textos sagrados, chamados de herméticos, com ensinamentos profundos, mesmo para os dias atuais, sobre religião, artes, ciência e filosofia – *Corpus Hermeticum*. Nesses textos, escreveu aquela que seria a mais repetida de suas frases: "ASSIM COMO É EM CIMA, É EMBAIXO".

A ciência, hoje, admite a existência de múltiplos universos que vivem paralelos entre si. Advogam alguns cientistas que podemos nos manifestar em mais de um universo ao mesmo tempo, tendo diferentes vidas. Como se fôssemos, nós mesmos, um conjunto de seres, paralelos entre si. Alteregos, para simplificar.

As analogias sempre nos ajudam a entender conceitos.

Um universo contém um desconhecido e gigantesco número de galáxias, com zilhões de sóis de todas as grandezas, planetas de todas os níveis de evolução e, logicamente, um incontável número de seres vivos em todos os estágios e reinos da evolução.

O universo chamado "EU" é formado por corpos multidimensionais, que são tão mais sincronizados quanto mais quantum energético tivermos, em outras palavras, evolução.

Partindo do mais materializado e, portanto, de vibração atômica mais lenta, quando estamos no mundo dos "vivos" ou encarnados, temos o **corpo físico**. Esse maravilhoso projeto de engenharia cósmica, meticulosamente planejado nos menores detalhes para ser uma máquina perfeita de manifestação do Espírito no mundo material, é, por si só, um planeta, onde cada sistema formado por órgãos de função similar (por exemplo, sistema digestivo) é um continente, formado por países (que são os órgãos), que, por sua vez, são formados por diferentes tecidos que são as cidades, povoadas por indivíduos, que são as células. Para que o planeta esteja em paz, é preciso que cada país esteja em ordem e estes dependem das células.

Então, a paz e a saúde do planeta e do corpo, respectivamente, dependem apenas e tão somente de cada indivíduo e de cada célula.

Do corpo físico é formado o mais denso dos corpos espirituais, chamado de **duplo etéreo**, onde se localizam os chacras que são canais por onde a energia vital, ou prana, transita da quarta dimensão (plano espiritual) para a terceira dimensão. O corpo físico é coordenado através de impulsos energéticos provenientes do Espírito que está em outra dimensão mais sutil. Esses impulsos se manifestam na terceira dimensão através de energias que chegam ao corpo físico, através dos chacras. A função do duplo etéreo é a manutenção da saúde do corpo físico e ele se localiza a cerca de quatro a seis milímetros da superfície do corpo físico. Após a morte do corpo físico, este corpo etéreo desaparece em cerca 28 dias.

O corpo seguinte é conhecido como **perispírito ou corpo astral** e é a matriz do corpo físico, isto é, o corpo físico é cópia perfeita do perispírito. Assim, é correto afirmar que o DNA das células perispirituais tem paridade plena naquele presente nas células do corpo físico. À frente, falaremos sobre DNA.

O perispírito foi descrito pelo excepcional cientista espírita brasileiro Hernane Guimarães Andrade como o Modelo Organizador Biológico (MOB). Por isso, o perispírito é a "memória" plástica de todos os nossos aprendizados que ficam gravados no DNA que é nosso arquivo akáshico. É a sede das emoções, das sensações, dos impulsos, do instinto. Está relacionado com a atual encarnação, mas, sendo fluidoplástico, pode ser modificado pela força da vontade ou ação de operadores desencarnados, amigos ou não, assumindo personalidades de outras encarnações nossas. O perispírito fica ligado ao corpo físico através do **fio de prata**, um prolongamento delgado do perispírito, que se conecta ao cérebro posterior, mais precisamente na fossa romboide. Esse fio é de elasticidade extraordinária, permitindo ao indivíduo abandonar o corpo físico quando este dorme, em um processo conhecido como desdobramento ou projeção astral. Somente ocorre o desligamento no momento da morte. O perispírito permanece com a forma última do corpo físico por tempo variável que depende do grau de esclarecimento do desencarnante.

Depois, temos o **corpo mental concreto ou aura interna ou corpo mental inferior** que é a sede da alma inteligente, da associação de ideias. Sua aura ovalada envolve o corpo físico e sua coloração varia de acordo com a vibração do indivíduo. É o banco de dados da presente encarnação, onde a mente (órgão análogo ao cérebro e que fica no perispírito), busca informações para manifestar-se. É sua coloração que evidencia os índigos, os cristais e os demais.

A seguir, temos o **corpo mental abstrato ou aura externa ou corpo mental superior** que representa todas as nossas aquisições por todas as experiências que já tivemos. É a sede da memória criativa, da meditação, onde princípios e estruturas abstratas são elaboradas *ad infinitum*. Trata do subjetivo e da imaginação. Quando em processo de ideação superior, conecta-se com o Eu Superior ou Cristico. Também conhecido como corpo causal, é o detentor da vontade e da determinação.

Temos, então, o **corpo budhi** composto pelas três almas: Moral, Intuitiva e Consciencial, que são os veículos e instrumentos do Espírito. Aqui, está desperta a consciência que induz a busca permanente da correção das arestas criadas pela vontade instintiva de prazer a todo custo. O corpo multidimensional quintessenciado é pouco conhecido, mas é a fonte de toda determinação cármica, porque é a sede da consciência.

Finalmente, o **corpo átmico** que é o Espírito essência ou centelha divina.

Esses corpos estão tão mais harmonizados e alinhados quanto mais busca da expansão da consciência tivermos, com atitudes que visem à descoberta de quem somos, da correção do que precisa ser alterado e, principalmente, com a realização de atos em prol do Bem Maior.

Os conflitos, as doenças físicas e mentais decorrem do desalinhamento desses corpos sutis. Em nosso estágio de evolução, quando ainda temos pequeno quantum energético conquistado, é normal que tais situações ocorram. Mesmo nos seres especiais esses distúrbios estão presentes, provando que nada é herdado e tudo é conquistado, para todos.

Índigos e cristais têm a mesma constituição de corpos multidimensionais que os demais. Os primeiros têm mais energia para mantê-los em aparente ordem, mas são presas fáceis das armadilhas da matéria. Os segundos, já mais maduros e autoconscientes, conseguem manter o equilíbrio por períodos tão longos quanto se mantenham fiéis à programação existencial, por livre-arbítrio, escolhida.

A missão de índigos e cristais é serem as alavancas da transformação da atual raça humana, a fim de acompanhar a transmutação da Terra de planeta de expiação e provas para planeta de regeneração. Vamos abordar esse momento mais adiante, detalhadamente.

Esses seres especiais e diferentes são provenientes da Terra e de outros planetas. A maioria já teve encarnações neste planeta e está voltando para aparar arestas deixadas ou por amor. Mais uma vez, a Terra passa por movimentos de transmigração de Espíritos. Emigrantes e imigrantes com uma única meta: evoluir. A que preço? Ao que estivermos dispostos a pagar, mas tendo a consciência de que o jugo é suave e o fardo, leve na ascensão.

Capítulo 2

DNA: o Código Universal

Você pode estar se perguntando o que DNA tem a ver com índigos e cristais. Será que a ciência já encontrou diferenças sutis no mapa genético desses seres especiais? Ou será que eles são uma intervenção genética extraterrestre?

Na verdade, este capítulo dedica-se a ampliar o conhecimento e a compreensão de todos nós para o poder que temos e não usamos porque o desconhecemos.

Hoje, a ciência começa a provar, pelo estudo da genética, o que tem sido falado, espiritualmente, há décadas sobre a capacidade intrínseca existente em cada ser pensante deste planeta. Uma força que pode construir e destruir com a mesma intensidade. Em todo esse imenso universo, não há outro DNA como o de cada ser existente. Podem haver similares, mas idênticos jamais porque não há outro ser que tenha feito as mesmas escolhas, nas mesmas situações, com as mesmas implicações de ressonância. Por isso, cada ser existente é absolutamente único, neste universo.

Portanto, esse conhecimento é uma grande ferramenta para os seres especiais e nós mesmos assumirmos o poder sobre nossas existências.

Se há um assunto em moda é o DNA. Até piada virou! Quando queremos dizer que estamos velhos, falamos em DNA (data de nascimento antigas). Nada tão correto quanto isto: data antiga, ancestral, de tempos anteriores a termos consciência de nossa existência. O assunto deste livro está absolutamente conectado com essa matéria, mesmo porque sabemos que o DNA presente nas células do corpo físico é cópia idêntica daquele presente nas células perispirituais, e antes de adentrarmos a este estudo precisamos conhecer mais sobre o fascinante arquivo pessoal que trazemos em cada célula de nosso corpo físico.

DNA significa ácido desoxirribonucleico. Uma palavra grande para identificar a composição dessa estrutura que começa a ser bem conhecida por nós. Engana-se quem pensa que a descoberta do DNA deu-se em 1953. A ciência descobriu-o nessa data, mas se trata da ciência oficial e ocidental.

SEFER YETSIRÁ é um dos mais antigos e sagrados livros, sendo considerado uma das colunas mestras da Cabala. A época em que foi escrito não é clara, podendo ter por autor Abraão ou um autor desconhecido, entre os séculos II e VI da era cristã. O conteúdo desse livro é a criação do Universo e de todas as coisas, esclarecendo o *método* usado por Deus para criar tudo. Diz que o homem é um microcosmo e, através de seu corpo, pode-se entender toda a criação. Nesse livro há uma frase impressionante por sua assertividade quanto ao que, hoje, a ciência sabe: "Toda criação é um bloco de informações de natureza alfabética". Ora, a estrutura do DNA é uma sequência de letras que representa seus elementos químicos constitucionais. Poderia o autor ter o conhecimento disso milênios atrás? Ele escreve que Abraão teve acesso ao código da criação.

Interessante ponto porque, conforme o ENUMA ELICH ou Epopeia da Criação, escrita pelos sumérios em placas de argila, na escrita cuneiforme desenvolvida por esse povo da Antiguidade, a atual raça humana é derivada de experimentos genéticos realizados por Enki de Nibiru, quando aqui aportaram seres desse planeta, em busca de ouro para salvar seu lar sideral.

A raça nibiruana teria destruído a ecologia de seu planeta, como fazemos atualmente. Tinham já grande desenvolvimento tecnológico quando descobriram a jovem Terra, rica em ouro que, segundo os cientistas nibiruanos, poderia salvar o planeta da radiação solar se esse metal precioso fosse pulverizado na estratosfera. Então, o governante planetário, Anu, enviou uma missão de prospecção de ouro, comandada por seus dois filhos, meio-irmãos, Enki, o Cientista, e Enlil, o Militar. Aqui chegando, eles encontraram um planeta em processo de maturação, com humanos no estágio de *Homo erectus*. O ouro estava à disposição, mas os nibiruanos não queriam minerar.

Buscando, então, desenvolver uma raça dócil que fosse capaz de minerar por eles, Enki fez inúmeras tentativas de criar um híbrido entre os *Homus erectus* e seu povo, com muitos fracassos, até que conseguiu criar o *Homo sapiens*, do qual adviemos, conforme a tradução de Zecharia Sitchin, que é mundialmente conhecida. Na obra afamada desse arqueólogo por hobby, composta por 11 livros sobre os nibiruanos e seus híbridos, Abraão é descrito como um descendente dos anunakis, da linhagem de Noé, portanto com DNA diferenciado em relação aos demais humanos da época. Era um grande iniciado sacerdotal, filho de sacerdote, sendo considerado um grande estrategista e articulador político, com íntima relação com o Senhor do Mundo, Enlil, segundo Sitchin. Iniciado que era nos conhecimentos dos deuses (os nibiruanos), é bem provável que conhecesse mesmo o método da criação e o DNA.

Também, há quem considere os símbolos Yin e Yang como uma interpretação da estrutura do DNA que somente seria identificada em 1953, pelos cientistas e prêmios Nobel de fisiologia ou medicina de 1962, James Watson e Francis Crick. E, mesmo se você não gostar de detalhes técnicos, peço-lhe que leia os próximos parágrafos porque esse conhecimento é muito importante.

O DNA, que fica sempre dentro do núcleo de cada célula, quimicamente falando, é composto por açúcares e fosfato. Cada molécula de açúcar está ligada a quatro bases nitrogenadas, conhecidas como: adenina, guanina (que são purinas), timina e citosina (que são pirimidinas). O conjunto formado pela ligação de uma ou mais bases nitrogenadas a uma molécula de açúcar é chamado de nucleotídeo.

E as bases nitrogenadas não se emparelham livremente, mas por afinidade química. As adeninas só combinam com as guaninas e as timinas com as citosinas (AG; TC).

A sequência de bases ao longo da molécula de DNA é a informação genética única no universo que cada ser carbono-base tem. Neste planeta, de vírus (ainda não se sabe se todos), aos hominais.

Essa longa cadeia não existe sozinha. Ela é dupla com outra cadeia a qual se liga firmemente através de pontes químicas. Elas se enrolam, formando uma hélice dupla, descrita como uma escada de corda dobrada sobre seu eixo. As bases nitrogenadas, agora, de cadeias diferentes assumem outro comportamento e passam a se ligar somente a bases da outra família. Assim, as ligações entre as cadeias são: AT e GC.

Inicialmente, acreditava-se que somente alguns segmentos do DNA carregavam informação genética, sendo denominados de genes. O restante da imensa molécula era tida como estrutural ou tendo parte apenas como reguladora do uso da informação genética.

A função conferida ao DNA é de armazenar as informações para a síntese de proteínas e de sintetizar o RNA, que é o responsável pela síntese das proteínas e que tem uma única cadeia molecular.

O DNA apresenta-se como uma longa sequência, contendo vários genes, denominada cromossomo. Os humanos da Terra têm 23 pares de cromossomos, sendo que um deles está ligado ao sexo. Os genes são a unidade-base de material genético e o ser humano da Terra tem de 50 a 100 mil genes diferentes.

Essa é a base de estudo do mapa genético das espécies da Terra.

Em 1990, em uma iniciativa do Departamento de Energia dos Estados Unidos da América e com um investimento inicial de três a 50 bilhões de dólares (dependendo da fonte de informação), foi criado o PROJETO GENOMA HUMANO, cuja meta era a decodificação do mapa genético humano, com duração de 15 anos. Esse extraordinário trabalho contou com cientistas de todo o planeta, incluindo o Brasil, onde se iniciou em 1999 com 25 grupos em todo o território nacional. Grandes resultados nasceram desse trabalho como, por exemplo, o mapeamento de genes indutores de câncer e certas doenças, como a fibrose cística. Foi concluído em 2003.

Criado para ser o passo seguinte do Projeto Genoma Humano, a ENCODE (Enciclopédia dos Elementos do DNA) é um projeto de pesquisa pública lançado pelo Instituto Norte-americano Nacional de Pesquisa do Genoma Humano, em 2003, que visa identificar todos os elementos funcionais do genoma humano. Também é um consórcio mundial que envolve grupos de pesquisa e gera arquivos que podem ser acessados em bancos de dados públicos mundiais.

A partir desses trabalhos, passamos a compreender melhor o intrincado mapa genético que temos.

Há uma base que identifica os habitantes da Terra estando presente em todos os seres vivos. Talvez isso seja verdade para cada planeta habitado deste universo. A prova disso é que o DNA dos humanos terrestres tem 70% de similaridade com o dos camundongos e 98,5% com o dos chimpanzés, seu "parente" mais próximo. E entre os humanos, crê-se que 99,9% do DNA seja similar, ou seja, somente 0,1% difere em cada um de nós.

Essa é uma prova inequívoca de que nascemos em um planeta por afinidade vibratória, isto é, somos todos similares em quantum energético, naturalmente respeitando os extremos positivo e negativo da escala evolutiva.

Outra descoberta interessante e a mais importante é que os genes que induzem a síntese de proteínas são chamados de CODIFICADORES. Temos cerca de 20 mil desses genes que perfazem cerca de 1,5% do material genético. O restante dos genes não codificadores foi denominado DNA-LIXO.

Ou seja, seria apenas material estrutural sem função. Tão mais complexo o ser, tão maior o percentual de DNA-LIXO. Por exemplo, vírus e bactérias que têm poucas horas de vida e, portanto, precisam se multiplicar rapidamente, pela preservação da espécie, quase não o têm, pois é pesado e atrasa a divisão celular. Portanto, dificulta a multiplicação da espécie. No polo oposto está o ser humano, ápice da escala evolutiva biológica do planeta. Isso nos dá o alto percentual de DNA-LIXO.

Por algum tempo, o DNA-LIXO foi ignorado até que mais pesquisas começaram a revelar que esse material não apenas tinha função, mas era primordial. Nele estão contidas milhares de sequências chamadas de reguladoras que, se não criam proteínas diretamente, estão implicadas na função de outros genes. Alguns atuam como ativadores ou desativadores de outros genes ou como potencializadores ou redutores da ação de outros genes, em determinadas células, em determinados momentos. E, em 2013, começaram a descobrir a relação entre o DNA-LIXO e doenças.

Com a evolução dos estudos genéticos, sabemos, atualmente, que o genoma carrega as informações necessárias para criar todas as estruturas que compõem o corpo. Cada gene possui, de modo codificado, a receita para produzir uma determinada proteína. Nos genes chamados de "ativados" essa ação ocorre normalmente. Mas naqueles que estão "desativados" isso não ocorre, como se o gene não conseguisse se expressar. Assim, as proteínas que esses genes deveriam gerar não são produzidas.

Um ramo da genética conhecido como epigenética estuda fatores e substâncias que atuam como ativadores e desativadores genéticos. Já estão sendo apresentados, em congressos científicos, trabalhos sobre substâncias epigenéticas, como as dos tratamentos de leucemias e linfomas, aprovadas pelo Food and Drug Administration (FDA), órgão regulador de drogas nos Estados Unidos.

Essa descoberta começa a explicar o que se sabia ser verdade mas sem comprovação científica, sobre os malefícios de maus hábitos alimentares, sedentarismo, fumo, bebidas alcoólicas, drogas na saúde. Pelo estudo das ativações e desativações genéticas, os cientistas estão compreendendo melhor o mecanismo de interação do indivíduo com o meio.

Contudo, o liga-desliga genético não está relacionado apenas ao estilo de vida, mas é de ocorrência normal na vida de todos os seres. Por exemplo, no período de crescimento, os genes relacionados com a produção de células estão muito ativados e a função deles decresce com o passar dos anos até ocorrer a desativação dos mesmos. Mas, se algo acontecer, durante a vida, a reativação deles pode gerar tumores ou aterosclerose.

Já existem dados suficientes na literatura para apoiar os resultados dos estudos epigenéticos como verdadeiros e, a partir de sua compreensão, a possibilidade de cura de muitos males torna-se uma questão de tempo.

A pesquisa sobre a possibilidade de influenciar os genes pela alimentação é chamada de nutrigenômica. Já se sabe que existem genes ligados à sensação de fome, outros à saciedade, outros que escolhem alimentos calóricos, etc.

O estudo do que ativa ou desativa genes mostra que as ações são tão pessoais que, em breve, saberemos porque alguém responde muito bem a um medicamento e outra pessoa, com a mesma doença e características física similares, não.

Do ponto de vista espiritual, o DNA-LIXO é o arquivo de todo o aprendizado e todas as realizações, boas ou não, que já fizemos em todas as encarnações tidas, em todos os reinos, em todos os planetas por onde passamos. Mas além de ser o arquivo do ontem, é igualmente a promessa do amanhã, pois todo o potencial criador está, também, nesse percentual de DNA desativado.

Quando Jesus disse *"Vós sois deuses!"*, estava se referindo exatamente ao potencial presente em cada ser e que, na fase hominal, pode se manifestar à medida que nos apercebermos disso. Tanto isso é verdade que vemos Espíritos muito ligados ao mal fazerem uso péssimo do poder mental que não temem usar e não negam ter. Sem freios morais, pela pouca evolução, creem ter o direito de manipular, destruir, difamar, mentir, escravizar outros seres e dizem ser agentes da justiça. Contudo, quando desperta a consciência que aponta os crimes cometidos, a duríssima jornada de retorno ao caminho do Bem cria o medo da punição, autoimposta, e surgem bloqueios ao uso do poder que temos. Esses bloqueios desativam genes e mais genes e impedem, ainda, que possíveis ativações ocorram. Mas o crescimento da consciência pelo aprendizado constante acaba por demolir o muro erguido, ainda que lentamente, na maioria das vezes, propiciando a reativação do que já foi usado de modo egoísta e que, agora, poderá ser usado de modo altruísta.

Esse é o ponto em que estão os cristais. A demolição do muro é o ponto em que estão os índigos.

Mas há um passo extraordinário no estudo epigenético que vem ratificar o que vinha sendo percebido por espiritualistas: podemos comandar nossos genes.

Anos atrás, um tema ganhou circulação mundial: O EFEITO ISAÍAS, extraído do livro *Awakening to Zero Point* de Gregg Braden, vindo ao encontro de várias correntes que pregavam a força mental como poder maior para mudar nossas vidas e, por consequência, a trajetória planetária. Braden é um desenhista de sistemas de computação aeroespaciais e geólogo que, durante 20 anos, dedicou-se a pesquisar conhecimentos ocultos, em mosteiros, templos e montanhas, chegando a conclusões interessantes e controversas.

Uma delas, e a mais famosa, é o Efeito Isaías baseada no manuscrito de Isaías, descoberto em 1946 no Mar Morto e no qual o profeta ensina um modelo de oração esquecido no tempo cujo poder é, uma vez escolhida uma profecia, torná-la realidade.

Braden descreve experimentos com DNA que, se realmente realizados, provam ser este o cerne da vida, mas, sobretudo, que o DNA responde ao indivíduo e que este pode comandá-lo através das emoções.

O primeiro experimento diz que leucócitos (glóbulos brancos do sangue) de doadores foram retirados e semeados em placas com meios de cultura apropriados. Depois, eletrodos foram conectados a essas placas para medir alterações elétricas no DNA.

Os doadores foram colocados perto dessas placas e passaram a ser estimulados com imagens e sons que lhes eram famíliares, conferindo-lhes bem ou mal-estar emocional. Nos doadores, igualmente, foram conectados eletrodos para medir as ondas cerebrais.

À medida que as emoções iam surgindo, implicando alterações das ondas cerebrais, ondas de igual potencial surgiam nas placas, evidenciando a ligação entre doador e DNA.

Buscando compreender se as alterações elétricas eram provenientes da proximidade das placas com os doadores, por estarem dentro do campo vibratório dos mesmos, elas foram afastadas fisicamente deles. Mas as alterações nas ondas elétricas continuaram. Até 80 quilômetros de distância as reações permaneceram presentes.

Assim, os experimentadores concluíram que o elo de ligação entre a mente e o DNA é independente da contiguidade, mas dependente das emoções. Afinal, emoções são ondas.

O segundo experimento foi realizado no HeartMath Institute, que é uma organização sem fins lucrativos, para pesquisa e educação, dedicada a ajudar pessoas a reduzirem estados de estresse, a controlarem suas emoções, melhorarem a energia e se tornarem resilientes para uma vida feliz e saudável.

Paranormais foram treinados para sentir emoções em extremos de intensidade ou não. DNA de placentas humanas foram semeados em placas com meios de cultura apropriados e essas placas foram preparadas para ser visualizadas. Usaram 28 placas para 28 paranormais. Então, os pesquisadores pediram aos indivíduos treinados que sentissem determinadas emoções, em diferentes intensidades.

A visualização das placas mostrou interessantes revelações. Quando sentimentos como raiva, medo ou estresse foram emitidos, o DNA encolheu, ficando mais curto, e muitos genes se apagaram.

Por outro lado, a emissão de sentimentos como amor, gratidão e alegria fizeram o filamento de DNA se alongar, como se ele relaxasse.

Os experimentadores não explicam a metodologia usada para a análise dos filamentos de DNA e existem diversos métodos para tal, como sondas multilocais, unilocais, exame de amplificação por PCR.

Os filamentos submetidos a emoções densas foram, então, levados a emissões de sentimentos elevados e ocorreu a recuperação de sua forma anterior.

A conclusão é que emoções elevadas podem até "curar" e sabemos que podem, de fato. Afinal, ondas são energia.

Esses experimentos, tidos por muitos como charlatanismo, passaram a ter mais credibilidade com as descobertas da epigenética. Mormente se compreendermos que as emoções são deflagradas por elementos químicos chamados neurotransmissores, sintetizados no sistema límbico. Como vimos, anteriormente, genes podem ser ativados ou desativados por substâncias químicas. Quando falarmos das inteligências, vamos nos deter no sistema límbico, que tem imensa importância para os seres especiais.

Antes, porém, precisamos analisar mais detidamente esse conceito de que podemos alterar nossos genes, quanto à ativação ou desativação ou estimulação ou retardamento da ação. Isso significa que podemos alterar nossa programação cármica, de acordo com as escolhas que fazemos, quer seja para melhor, quer seja para pior.

Haverá destino? Os eventos em nossas vidas são predeterminados e imutáveis? Ou teremos escolhas?

A física quântica advoga de modo claro que as possibilidades são infinitas e que sempre temos escolha. Ou seja, você está andando em uma estrada e chega a uma bifurcação. Se escolher o caminho da esquerda, todas as consequências que existiriam no caminho da direita deixam de existir para você porque não passará por elas, naquele momento o tempo é um elemento significativo, nessa equação. Contudo, todas as consequências existentes no caminho da esquerda passam a ser possíveis em seu caminho porque você as tornou assim. A cada escolha, todas as demais opções desaparecem e se abrem, imediatamente, novas opções condicionadas a sua escolha.

Por meio de obras psicografadas, como o *Livro dos Espíritos*, arrojadamente lançado por Allan Kardec em 1857, e, principalmente por Chico Xavier, de diversos autores espirituais, notadamente André Luiz, aprendemos que as múltiplas experiências físicas que temos são escolhidas por nós ou impostas por necessidade para nossa evolução.

Antes de cada nova existência em corpo físico, nós traçamos um roteiro que, cremos, é o mais adequado para conquistarmos os progressos que desejamos e necessitamos rumo à felicidade. Os grandes eventos de cada existência ficam já definidos e determinados, em relação a quando e como ocorrerão. Mas tudo pode ser mudado pelas escolhas que fazemos. Por exemplo, o grande ídolo brasileiro Ayrton Senna morreu naquele terrível domingo de corrida, em Ímola. No sábado, outro piloto, Roland Ratzenberger, morreu nesse mesmo circuito e o brasileiro Rubens Barrichello acidentou-se com gravidade. Ayrton era tricampeão mundial, respeitadíssimo como piloto e reconhecido como corajoso e arrojado. Ainda que contratos o obrigassem a correr, ele podia dizer "não". Tinha poder moral para isso, os carros estavam inseguros demais. Mas ele optou por cumprir com sua obrigação e morreu. Se não tivesse corrido, poderia estar vivo? Teria sobrevivido aquele dia? Talvez sim, talvez não. Mesmo a morte, que é um evento predefinido, pode ser adiada ou antecipada.

A palavra *Karma* vem do sânscrito, sendo formada por "kr", que significa agir ou fazer, e pelo sufixo "ma" que significa efeito. Assim, *karma* é ação e reação e, por isso, foi assimilada pelo Espiritismo, que prega a lei da causalidade. Em física, aprendemos que a cada ação corresponde uma reação de igual intensidade em sentido contrário. Na vida, é quase a mesma coisa. E esse "quase" é imensamente grande.

Se uma pessoa matar alguém com um tiro no coração, fere com a mesma intensidade o órgão cardíaco perispiritual próprio, alterando o DNA matriz, inativando genes produtores das proteínas das fibras cardíacas, das funções cardíacas. Ou seja, propiciando uma anomalia no coração de um futuro corpo físico a ser formado pelo perispírito.

Isso significa que a lesão no coração poderá ocorrer sem, necessariamente, que alguém venha a dar um tiro nesse órgão. É uma questão de escolha dos assassinos, o primeiro e o futuro.

Digamos que o assassino de ontem queira passar pela mesma dor que causou e, então, passa essa prova para poder perdoar seu algoz do futuro, que não precisa ser sua vítima da existência anterior. No momento tempo-espaço determinado, na programação cármica, uma situação se desenrolará e o indivíduo portador da arma estará ali, pronto para escolher. Ele pode atirar ou não. De novo, é a escolha que determina o contínuo de nossa história. E se ele optar por não atirar? Não era a hora da morte para o assassino anterior? De novo, mesmo a morte pode ser adiada. O que não recebeu o tiro pode morrer de infarto do susto que passou ou ter uma prorrogação de vida, uma chance maior de aprendizado.

Ou seja, tudo depende das escolhas.

Vamos analisar, então, sob nova visão, nosso assassino do passado. Ele aprendeu muito desde que tirou uma vida. Pediu e teve nova oportunidade evolutiva, nascendo com inativação de genes ligados a proteínas e a funções cardíacas. Em sua atual programação existencial, pediu para ter um infarto aos 45 anos, idade do homem que assassinou em um momento de ódio, passando a ter uma vida de limitações por causa do coração. Mas, durante esta nova encarnação, aprendeu a controlar sua raiva mais eficazmente, aprendeu a perdoar com menos dificuldade, dedicou-se a ajudar ao próximo. Manteve a vaidade, o orgulho, mas se tornou mais controlado e útil. Arrecadou méritos por atos bons e isso significa que aumentou seu quantum energético, já que a melhora era real e não passageira. A alteração de suas atitudes mento-emocionais foram suas escolhas e determinaram uma modificação dos genes ligados ao estado de saúde do coração, do músculo cardíaco, do metabolismo das gorduras, da pressão arterial, enfim. Ativados os genes, o risco de infarto reduziu-se, não desaparecendo, mas conferindo um tempo maior de autonomia circulatória. A manutenção desse estado dependerá das escolhas. Tudo é possível porque o futuro não existe. Existem apenas o passado e o presente.

Como vimos no experimento do Heartmath Institute, o DNA responde a sentimentos elevados de modo positivo e curativo. Como vimos na epigenética, os genes respondem aos estímulos.

E se passássemos a orar, isto é, agindo de modo correto o máximo possível, dentro de nossas limitações e cuidássemos de nos vigiar, atentamente? Quanto não poderíamos mudar o que estava escrito em nosso DNA?

Os experimentos de Massaro Emoto com cristais de água e emoções não provam exatamente, o mesmo ponto? E não somos formados por cerca de 70% de água? Mais uma vez, os sentimentos e suas consequências, as ações, porque falamos, pensamos, agimos e sentimos, produzem ondas de energia que alteram nosso corpo físico. Para melhor e para pior, de acordo com o tipo das mesmas.

Os índigos têm cargas de *karma* maiores e muitas limitações, mas aprendem rápido e têm elevado poder mental. Assim, podem mover suas energias emocionais em direções corretas com a mesma facilidade que falam, se acordarem para a necessidade de autoconhecimento. O índigo vive voltado para fora de si mesmo.

Os cristais, com menos carga cármica e mais compreensão de suas limitações e forças mexem, facilmente, com as energias emocionais, mantendo um padrão mais harmônico, com menores amplitudes de variação, protegendo seu DNA matriz e o melhorando com as aquisições em prol do Bem Maior que fazem, com prazer.

Contudo, ambos são suscetíveis à massa crítica planetária e podem ser por ela afetados negativamente. A desaceleração é muito mais fácil que a aceleração, embora a inércia seja mais fácil que ambas.

Todos nós temos, em nosso DNA, toda carga que amealhamos até o presente momento. Vivemos, portanto, as consequências amargas ou doces de nossas escolhas.

Todavia, temos o poder de mudar essa escrita e somente pela expansão da consciência isso é possível.

O autoconhecimento é a chave para melhorarmos nosso DNA.

Capítulo 3

Inteligência Racional

A palavra "inteligência" vem do latim *intellegere* que significa, literalmente, "entre escolhas". Ou seja, escolher entre possibilidades para que o objetivo seja conquistado.

Pode-se definir inteligência racional como a capacidade de resolver problemas linguísticos, matemáticos, operacionais, sendo sua base a lógica.

Já teve seu Q.I. medido? Já fez algum teste de Q.I.?

Tenho certeza de que, pelo menos, curiosidade quanto a isso você tem. Mormente aqueles que são competitivos.

Q.I. significa coeficiente de inteligência e, pasme, faz quase um século que foi criado. Foi desenvolvido para se tentar entender por que algumas crianças não aprendiam as lições escolares.

A palavra "escola" vem do grego *scholé*, que significa "lugar de ócio". Eram locais onde as pessoas se reuniam para conversar e filosofar. Na Grécia Antiga, havia escolas, ainda que sem esse nome, sem divisão etária, sem diferentes disciplinas, dadas ao ar livre sempre que as condições climáticas permitissem. Os gregos faziam ode à Natureza e aproveitavam sua energia de modo inteligente. Tornou-se moda, na época, que diferentes mentes brilhantes criassem sua escola filosófica, com seus seguidores se encarregando de perpetuar os ensinamentos dos mestres após a partida destes. Cada grande pensador ensinava sua matéria, como Hipócrates ensinou medicina, por exemplo. Mas o ensino baseava-se no debate e não no monólogo do mestre. O aprendizado dava-se pela compreensão do tema e não pela decoração de suas teorias.

No século IV a.C., as famílias nobres contratavam preceptores para seus filhos, que recebiam aulas de música, postura, eloquência, poesia e gramática.

No mundo oriental, médio e distante, as escolas eram ligadas à religião, e os meninos e jovens eram educados de acordo com as doutrinas, por clérigos ou monges. Estudos de matemática, geografia, história e o domínio da língua mãe eram comuns a todos esses centros de estudo. Mas raramente eram administrados juntos. Filosofia era ciência de ponta.

Na Idade Média, o ensino ficou restrito aos conventos e aos nobres. Embora superficial e pobre, despertou mentes brilhantes que iniciaram um processo de mudanças que viria a se concretizar na Renascença. No século XII, surgem as primeiras escolas com carteiras e professores que ensinavam a ler, escrever e contar, juntamente com o catecismo, sendo instituições católicas de caridade.

Em 1158, surge o primeiro grande passo em prol da cultura: o imperador Frederico Barba-Ruiva, do Império Romano-Germânico, funda a Universidade de Bologna, primeira instituição de ensino ocidental não ligada ao clero.

Quando a burguesia percebeu seu poder, descobriu, concomitantemente, que o conhecimento era uma poderosa ferramenta, então começou a se preocupar em dar instrução aos filhos homens. Começava uma nova Era de Luz para a atual humanidade.

Somente nos séculos XIX e XX surgiram as escolas multidisciplinares que conhecemos hoje. Ainda que não mais exclusivas das classes abastadas, não eram obrigatórias. Nessa época da revolução industrial, o trabalho infantil era normal e comum, nas famílias pobres. As crianças e os jovens não tinham tempo de estudar e brincar porque precisavam trabalhar.

Atualmente, existem leis que regulam a obrigatoriedade de estudo para todas as crianças, independentemente de raça, sexo e condição social, na maioria dos países. Mas até o século XIX, o ensino era privilégio apenas dos meninos que eram alvo dos sonhos paternos de terem um seguidor de seus passos, um gestor dos negócios da família, um homem que, no futuro, pudesse ser o orgulho do genitor, aumentar a fortuna da família, ter poder.

Os métodos eram adaptações das escolas antigas e nem sempre adequados aos alunos. Assim como atualmente, não se analisava o aluno, adequando o ensino a seu potencial. Logo, muitos alunos tinham um resultado de aprendizado inferior à expectativa paterna.

Seria uma questão de incapacidade para aprender? Embora o desconhecimento da mente infantil fosse um obstáculo, foi o século em que as crianças começaram a ser respeitadas em seu direito de crescer, mas obtusas pela falta de cultura dos ancestrais.

Contudo, foi nesse século que nasceram muitos índigos com a missão de mudar toda a história da atual humanidade, e como triunfaram esses pioneiros. Em todas as áreas, surgiram mentes privilegiadas que discutiram o *status quo,* criando soluções diferentes porque a visão era ampliada. Índigos como o pintor Claud Monet, os cientistas Alexander Fleming (descobridor da penicilina), Graham Bell (que não inventou o telefone mas inventou o precursor do feixe de fibra óptica, o telégrafo), Antonio Meucci (inventor do telefone), Guglielmo Marconi (inventor do rádio), Thomas Edison (inventor da lâmpada incandescente, cinescópio, gramofone, etc.), Nicolas Tesla (cujas invenções baratas e ecologicamente corretas poderiam ter mudado o rumo da atual civilização), Santos Dumont (o pai da aviação), o genial escritor futurista e visionário Júlio Verne, Pierre e Marie Curie (pais da radioatividade), Jean-Martin Charcot, Sigmund Freud, Carl Gustav Jung, Allan Kardec, que codificou o Kardecismo. Citando apenas alguns poucos gênios índigos nascidos no século XIX.

Nesse cenário, surge uma figura que passaria à história da atual humanidade: Alfred Binet.

Binet foi um pedagogo e psicólogo francês, nascido em 1857, na cidade de Nice. Filho e neto de médicos, estudou, inicialmente, direito, licenciando-se em jurisprudência, mas jamais exerceu essa profissão, porque ficou fascinado com os estudos de Jean-Martin Charcot, genial médico francês que se dedicou ao estudo da psique humana, influenciando muitos gênios da humanidade nascidos no século das descobertas da alma, como Sigmund Freud, Carl Gustav Jung, entre outros índigos. Binet começou a estudar psicologia com afinco, acabando por licenciar-se em ciências naturais, não chegando a se formar médico. Seu foco de interesse foi o raciocínio, e realizou experiências com métodos de associação de ideias. Passou a trabalhar no laboratório de pesquisa de psicofisiologia da Universidade de Sorbonne, em Paris, sendo nomeado seu diretor quatro anos depois, fundou um jornal científico para a divulgação de suas pesquisas e as de seus associados. Foi quando começou a criar testes para avaliação da inteligência e habilidades dos indivíduos.

Os estudantes franceses da época apresentavam um baixo nível de aprendizado e os pais, coléricos e preocupados, convidaram Binet a aplicar seus testes nas crianças escolares. Com grande criatividade, usando apenas papel e lápis, começou a aplicar seus testes e se associou a Theodore Simon, criando a escala Binet-Simon que media a inteligência da criança, introduzindo o conceito de idade mental. Eles visavam identificar alunos que precisassem de ajuda para aprender, concluindo que para essas crianças deveria haver mais atenção dos professores e não necessariamente eram casos de inaptidão para o aprendizado. Ratificando sua análise do assunto, Binet publicou um artigo denominado "New Methods for the Diagnosis of the Intellectual Level of Subnormals", escrevendo, em diferentes trechos:

> *"Nossa proposta é estarmos aptos a mensurar a capacidade intelectual de uma criança que nos é trazida, para saber se ela é normal ou retardada. Assim, deveríamos estudar sua condição, naquele momento somente. (...) Não nos atentamos em fazer um prognóstico, nem dizer se o problema é curável ou não. (...) Essa escala, propriamente falando, não permite a medida da inteligência porque qualidades intelectuais não são sobreponíveis, por isso não podem ser medidas como superfícies lineares o são. Contudo, existe uma classificação, uma hierarquia entre as diferentes inteligências e, por necessidades práticas, essa classificação equivale a uma medida. (...) O uso de testes, atualmente, é muito comum. Existem autores que se especializaram em criar testes e, pacientemente, tentam colocá-los nas escolas. Essa é uma ocupação divertida, comparável a uma pessoa fazer uma expedição de colonização na Algéria, tendo apenas um mapa e sem nem mesmo tirar o pijama."*
> *(ARTIGO PUBLICADO NO JORNAL L'Année Psychologique, 12, 191-244, EM 1905. TRADUÇÃO PARA O INGLÊS DE ELIZBETH S. KITE, EM 1916. TRADUÇÃO PARA O PORTUGUÊS DA AUTORA)*

Mas outros pesquisadores psicométricos aferraram-se a medir e, em 1912, Wilhelm Stern utilizou, pela primeira vez, o termo coeficiente de inteligência, propondo o termo "QI", para representar o nível mental, introduzindo os conceitos de idade mental e idade cronológica. Ele propôs que o QI fosse calculado pela divisão da idade mental (aferido pelo teste) pela idade cronológica.

Poucos anos depois, Lewis Madison Therman sugeriu que o valor do índice fosse multiplicado por 100, para acabar com as casas decimais.

A fórmula para o cálculo do QI, então, ficou sendo:

$$QI = \frac{Idade\ Mental}{Idade\ Cronológica} \times 100$$

Esse pesquisador propôs a seguinte Escala de QI:

- QI acima de 140: Genialidade
- 121 – 140: Inteligência muito acima da média
- 110 – 120: Inteligência acima da média
- 90 – 109: Inteligência normal (ou média)
- 80 – 89: Embotamento
- 70 – 79: Limítrofe
- 50 – 69: Raciocínio Lento

Therman, então, desenvolveu um teste que continha desde perguntas sobre matemática a questões vocabulares, pretenso, em suas palavras, "apreender a inteligência geral". Ou seja, por volta de 1916, esse autor já tinha a noção de que a inteligência tinha muitas facetas. Para ele, a inteligência era uma habilidade natural inata que poderia ser medida como o peso e a altura. Imediatamente, os Estados Unidos foram tomados pela febre do QI. O livro publicado por Therman, em 1916, *The Measurement of the Intelligence*, tornou-se um guia para pesquisadores e professores. Repleto de testes, esse livro revolucionou o ensino e a vida dos estudantes norte-americanos do século passado, interferindo durante décadas, na avaliação de pessoas, quer fosse no ambiente acadêmico, quer fosse no ambiente profissional, onde passou a ser realizado em candidatos a emprego.

Para se ter uma noção da importância que esse teste teve, em 1917, o exército norte-americano convocou Therman para desenvolver um teste que fosse aplicado aos recrutas. Quase 2 milhões de soldados foram submetidos ao teste.

A QI-mania ganhou defensores ferrenhos que, por considerarem a inteligência a maior virtude do homem, queriam mensurar todas as pessoas, criando o preconceito da inteligência, e os eugenistas – grupo de pessoas, do Hemisfério Norte, que crê na supremacia da raça branca sobre as demais e que engendra estratégias para afastar os "não eleitos" de todos os poderes e até mesmo do direito de viver – se apresentaram como linha de frente.

A loucura chegou a um ponto de concluírem que pessoas com QI igual ou menor que 75 deveriam ser internadas, afastadas da sociedade e impedidas de gerar filhos. Mas vozes se levantaram contra a insanidade que tomava conta do país, como o jornalista Walter Lippman, que escrevia artigos contra o QI, pontuando que os testadores da inteligência nada mais eram que o "esquadrão da morte psicológica" para milhares de crianças e adultos. Lippman e Therman começaram a duelar em artigos na revista *The Republic*, mas o cientista venceu a guerra e os testes continuaram a ser realizados.

Em 1939, David Wechsler criou o primeiro teste para adultos, abandonando a equação de Therman. Os testes passaram a ser calibrados para que o QI médio fossem em torno de 100.

A classificação, originalmente proposta por Davis Wechsler era a seguinte:

- QI acima de 130: superdotação
- 120 – 129: inteligência superior
- 110 – 119: inteligência acima da média
- 90 – 109: inteligência média
- 80 – 89: embotamento ligeiro
- 66 – 79: limítrofe
- 51 – 65: debilidade ligeira
- 36 – 50: debilidade moderada
- 20 – 35: debilidade severa
- QI abaixo de 20: debilidade profunda

Os testes de QI continuam a ser aplicados, mormente nos Estados Unidos. Muitos baseados naqueles desenvolvidos por Wechsler, revisados por pesquisadores modernos.

Voltando a falar sobre os eugenistas, o QI é um dos parâmetros mais procurados por eles. Existe uma sociedade internacional, com

16 países membros, incluindo os islâmicos Arábia Saudita e Chipre, denominada WIN, World Intelligence Network, onde somente são admitidas pessoas com QI de gênio. Eles trocam informações e ideias entre os membros, corporações, governos. Bill Gates é membro. Em sua descrição, eles abolem qualquer tipo de racismo. O interessante é que Estados Unidos e Inglaterra, dois países que aderem aos testes de QI, não são membros da WIN. Mas existem outras sociedades de gênios também mundiais. A maioria delas é secreta. Na WIN, até mesmo paranormais são admitidos.

O grande problema de se ter exaltado a inteligência racional foi estimular-se, propositadamente, apenas o lado esquerdo do cérebro, que é analítico, lógico, racional. Com isso, o lado direito do cérebro foi relegado a um segundo plano e a criatividade, a intuição, o sonho se tornaram menores que a lógica, o método e, pior, o resultado. Foi a elegia de que os meios justificam os fins. Quando se afasta um ser do sentimento, da criatividade e da intuição, decreta-se sua escravidão. Teria sido esse o objetivo das forças que se locupletam com o poder e que negam a existência da Fonte Criadora? A apologia da Inteligência racional guiou a atual humanidade na direção do materialismo e este nos levou à canibalização do planeta, com consequente desrespeito ao direito à vida dos demais seres planetários.

Como veremos adiante, no lado direito do cérebro, existe um ponto muito especial que conecta o ser humano ao Criador. Também é o lado direito do cérebro que é estimulado nas comunicações interdimensionais ou mediúnicas. Ao se priorizar a lógica, em seres tão vulneráveis e instáveis quanto os humanos, propiciou-se que a matéria se sobrepusesse ao espírito, e vida na terceira dimensão se tornou mais importante que a que ocorre além do veículo físico. Tão importante que é tida, pela grande maioria dos encarnados, como única. Hoje, claramente, o foco da maioria das pessoas está em ter e não em ser. Esse foi o resultado de se exaltar raciocínio em detrimento do sentimento. Ao se buscar a inteligência resolutiva, obliterou-se a busca do desenvolvimento da compreensão e do controle das emoções.

Que não fique aqui a impressão de que a inteligência racional é algo ruim, porque o desenvolvimento tudo deve ao crescimento desta, na atual humanidade. O salto tecnológico que demos, notadamente, nos últimos 150 anos é fruto da racionalidade. E trabalharmos para obter um QI cada vez maior é, também, buscar a evolução quântica que é formada por diversos campos.

O QI é uma faculdade que pode e deve ser treinada como qualquer outra. O desenvolvimento dessa inteligência pode ser feito por meio de exercícios de lógica, leitura, testes de matemática e memória. É certo que se pode evitar certas moléstias degenerativas cerebrais, como a demência senil, criando-se novas redes neuronais que se formam a partir de novas aquisições. Isso significa que podemos prolongar em muito a vida ativa e útil de nosso cérebro se aprendermos atividades novas como idiomas, música, pintura, jardinagem, esportes, xadrez, tricô, culinária, etc. Temos bilhões de neurônios não ativados. Todos eles são células únicas que jamais serão reproduzidas naquele corpo. Imenso potencial desperdiçado. Se as vítimas de lesões cerebrais fossem rapidamente estimuladas, outras áreas cerebrais seriam ativadas e as sequelas poderiam ser muito reduzidas ou, talvez, abolidas. Já existem clínicas especializadas para tais terapias e resultados positivos são uma realidade.

Uma boa atividade a ser desenvolvida em família e que as crianças amam são jogos interativos como quebra-cabeças gigantes, de perguntas e respostas, de conhecimentos gerais, de palavras cruzadas. Estímulos visuais e auditivos são ótimas portas de entrada para prender a atenção das crianças, principalmente se elas forem hiperativas, como são índigos e cristais.

Jogos eletrônicos ativam, indiscutivelmente, o lado esquerdo do cérebro, mantendo a atenção do jogador, que até pisca menos vezes, tamanha a rapidez que esses jogos têm. Mas, igualmente, sabe-se que tais jogos abstraem a capacidade criativa dos jogadores, induzem comportamentos hipnóticos, aumentam a agressividade e o descaso para com a vida própria e alheia, banalizando a violência.

Albert Einstein entrou na brincadeira e desenvolveu um teste de QI, dizendo que somente 2% da população mundial seria capaz de resolvê-lo.

Quer tentar? Se conseguir, você faz parte dos 2% de Einstein. Se não conseguir, tem mais amigos. Mas o que isso vai mudar na sua vida?

TESTE DE QI DE EINSTEIN

1) Há cinco casas de cores diferentes.
2) Em cada casa mora uma pessoa de nacionalidade diferente.
3) Esses cinco proprietários bebem bebidas diferentes, fumam cigarros de marcas diferentes e têm diferentes animais de estimação.
4) Nenhum deles tem o mesmo animal, fuma o mesmo cigarro ou bebe a mesma bebida.

A questão que deve ser respondida é a seguinte: QUEM TEM O PEIXE COMO ANIMAL DE ESTIMAÇÃO?

ITEM	CASA 1	CASA 2	CASA 3	CASA 4	CASA 5
COR					
PAÍS					
BEBIDA					
CIGARRO					
ANIMAL					

(Utilize o quadro somente quando tiver certeza da resposta. Faça um esquema das dicas e cruze os dados. Seja lógico e não imagine dicas.)

DICAS:

A) O INGLÊS VIVE NA CASA VERMELHA
B) O SUECO TEM CACHORRO
C) O DINAMARQUÊS BEBE CHÁ
D) A CASA VERDE FICA DO LADO ESQUERDO DA CASA BRANCA
E) O HOMEM QUE VIVE NA CASA VERDE BEBE CAFÉ
F) O HOMEM QUE FUMA PALL MALL CRIA PÁSSAROS
G) O HOMEM QUE VIVE NA CASA AMARELA FUMA DUNHILL
H) O HOMEM QUE VIVE NA CASA DO MEIO BEBE LEITE
I) O NORUEGUÊS VIVE NA PRIMEIRA CASA
J) O HOMEM QUE FUMA BLENDS VIVE AO LADO DO QUE TEM GATOS

K) O HOMEM QUE CRIA CAVALOS VIVE AO LADO DO QUE FUMA DUNHILL
L) O HOMEM QUE FUMA BLUEMASTER BEBE CERVEJA
M) O ALEMÃO FUMA PRINCE
N) O NORUEGUÊS VIVE AO LADO DA CASA AZUL
O) O HOMEM QUE FUMA BLENDS É VIZINHO DO QUE BEBE ÁGUA

Boa sorte!
A resposta está na última página.

Capítulo 4

Inteligência Emocional

A perfeição com que foi criado o corpo humano merece um registro. É tamanha a especificidade de funções de cada célula que sua compreensão deveria ter aproximado o homem da Fonte Criadora. Contudo, o absolutismo da ciência atua em sentido oposto. O estudo do cérebro é inebriante, tamanha a riqueza de detalhes e a perfeição do funcionamento. O corpo humano é a máquina ideal e amorosamente planejada para a manifestação do Espírito necessitado de aprendizado no mundo material. Pena que sofra com nossas imperfeições e desconhecimento, sendo penalizado na forma de doenças psicossomáticas.

A compreensão do que é inteligência emocional fica facilitada se soubermos como as emoções manifestam-se e agem sobre nosso corpo físico, quando estamos encarnados. A fonte de pensamentos, emoções e ações é o Espírito. A energia gerada é captada pelos corpos mentais, abstrato ou concreto, de acordo com a frequência vibratória, sendo transmitida como onda fotônica à mente, órgão análogo ao cérebro. Quando estamos encarnados, da mente, como fluxo de energia, essas ondas chegam ao cérebro, sendo assimiladas pela glândula pineal. Daí, através do complexo de cristais de apatita que formam mandalas individuais, são assimiladas por um complexo de estruturas denominado sistema límbico. Nele, as ondas são decodificadas e se dá a manifestação das mesmas.

O **sistema límbico** situa-se na parte mais central do cérebro, sendo o responsável pelas manifestações das emoções e comportamentos sociais. Sua principal função é integrar as informações sensitivo-sensoriais com o psiquismo interno, onde o estímulo ganha um atributo afetivo

O Sistema Límbico

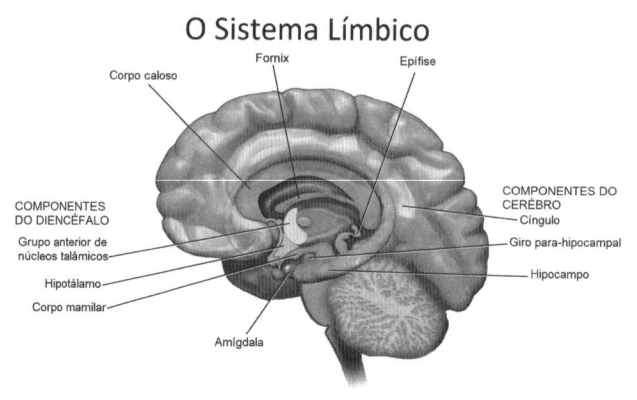

que, somado às memórias preexistentes, gera uma resposta adequada, consciente ou inconsciente, relativa a respostas do corpo físico. Um exemplo de resposta inconsciente é tirarmos a mão, automaticamente, se a expomos ao fogo. Isso é chamado de reflexo incondicionado. Um exemplo de resposta consciente é quando vemos alguém que amamos e sorrimos imediatamente. É um sistema altamente complexo com milhares de interconexões entre as diferentes estruturas que o compõem.

Várias estruturas compõem esse sistema, entre corticais e subcorticais, como o hipotálamo, as amígdalas, tronco cerebral, tálamo, área pré-frontal e o rinencéfalo (sistema olfativo). Vamos falar, brevemente, da função de cada uma delas.

O **tronco encefálico**, na imagem anterior, é a estrutura demarcada pela seta. Ele tem o papel de efetuar as manifestações físicas das emoções, como rir, chorar, enrubescer, franzir o cenho. Nele estão os núcleos dos nervos cranianos, como o facial, o trigêmeo, por exemplo. Também, nessa estrutura estão os centros reguladores da respiração e da circulação. Mas, o mais importante para este capítulo, no tronco encefálico estão as fibras relacionadas às monoaminas (serotonina, noradrenalina, dopamina) e fibras que têm ações moduladoras em circuitos relacionados ao comportamento emocional. Portanto, ele reflete, no corpo, as emoções da alma.

Área tegmental ventral é um grupo de neurônios localizados no tronco cerebral que secretam dopamina, um dos neurotransmissores que serão abordados mais à frente. A liberação dessa substância propicia prazeres similares ao orgasmo. Em pessoas com defeitos genéticos nessa área, com a redução dos receptores dessas células neurais, tornam-se incapazes de sentir prazer e buscam meios externos para ter tal sensação, como álcool, drogas, jogo desenfreado.

O **hipotálamo** é conhecido como braço operacional do sistema límbico, sendo o caminho da somatização das emoções. É considerado a parte mais importante do sistema límbico, sendo responsável pela manutenção da temperatura corporal em aves e mamíferos, do ciclo sono-vigília, fome-saciedade, balanço hídrico, e faz a ligação entre o sistema nervoso e o endócrino. Mantém comunicação com todas as estruturas do sistema límbico. Quanto às emoções, suas porções laterais parecem estar envolvidas com prazer e raiva; e a parte central com desprazer, aversão e o riso descontrolado (gargalhada). Seu papel é mais importante na manifestação das emoções do que em sua geração. Contudo, essa estrutura de massa cinzenta menor que uma ervilha por estar conectada a todas as estruturas importantes, tem papel crucial no mecanismo de feedback das emoções, pois, quando as consequências físicas das mesmas voltam, são enviadas às demais estruturas do sistema límbico, sendo lidas como ameaças e gerando ansiedade em graus variados, podendo chegar ao pânico.

O **tálamo,** igualmente, faz a conexão entre as demais áreas do sistema límbico. Sua ação nas emoções parece estar relacionada com suas ligações com as demais estruturas mais do que com uma função emocional propriamente dita. Através dessa estrutura, as informações de visão, audição, paladar e tato chegam ao córtex cerebral.

A função das **amígdalas** (que não têm relação com aquelas localizadas na garganta) é de serem o centro identificador do perigo, gerando medo e ansiedade. Também são a memória afetiva e o centro de agressividade. Por exemplo, quando vemos alguém conhecido, a amígdala é que informa qual sentimento temos por ela. A amígdala nos apronta para fugir ou lutar. As amígdalas são consideradas as janelas do sistema límbico, onde se vê o indivíduo no mundo. Estão relacionadas, também, com medo, raiva, sexualidade e prazer. Parecem padronizar as respostas comportamentais adequadas para cada situação. As emoções medo e tristeza e felicidade e prazer geram respostas agressivas ou defensivas. Ou bate ou corre. As amígdalas associam a expressão facial de acordo com o conhecimento do significado emocional ou social de cada evento. Auxiliam na orientação para atenção nas tarefas. As amígdalas memorizam sensações e comparam emoções do passado com as atuais.

O **hipocampo** é a estrutura relacionada com a memória de longa duração. Seu banco de dados permite que analisemos a situação presente em face do que já foi vivenciado, para que seja tomada a melhor decisão. Essa característica coloca-o como estrutura relacionada ao estado de atenção e de estar alerta. Memoriza detalhes do tipo: eu conheço essa pessoa. Mas sem sensação associada.

O **giro cingulado**, área acima do corpo caloso, relaciona os dois hemisférios cerebrais. Coordena odores e visões com memórias agradáveis de emoções anteriores. Participa da reação à dor e da regulação do comportamento agressivo. Sua ativação implica mansidão.

Finalmente, o **septo**, que fica à frente do tálamo e por cima do hipotálamo, está relacionado com manifestação de raiva e prazer.

Mesmo não sendo parte do sistema límbico, a **área pré-frontal** deve ser descrita neste capítulo, graças às inúmeras ligações que tem com tálamo, amígdalas e outras áreas subcorticais. Está relacionado com o raciocínio, a integração das informações, interface entre o domínio afetivo-emocional e a tomada de decisões centradas no domínio pessoal e social, foca e dirige a atenção e desempenha papel importante na motivação do comportamento. É o centro das funções executivas e, se lesado, conduz o indivíduo à perda do senso de responsabilidade, de abstração e de concentração.

Em resumo, o sistema límbico é responsável pela regulação dos processos emocionais, motivacionais (fome, sede, sexo), pela regulação do sistema nervoso autônomo (SNA), composto pelos nervos simpático e parassimpático, pela regulação do sistema endócrino e pelos mecanismos de memória.

Quanto à memória, o sistema límbico é responsável pela consolidação da memória recente, bem como por sua transformação em memória remota, com os registros sendo transferidos para áreas de associação, estando envolvidos nesse processo o hipocampo e as amígdalas.

Portanto, o mecanismo das emoções pode ser resumido da seguinte forma:

– O neocórtex registra e analisa a informação; as amígdalas sentem com base na memória; os lobos frontais planejam a resposta. Cabe a estes serem os amortecedores entre a razão (neocórtex) e emoção (amígdalas).

Ampliando o conhecimento científico pela visão espiritual, percebemos que a região do cérebro em que se situa o sistema límbico é, também, o berço da glândula pineal, conhecida como o terceiro olho e que representa o principal órgão anímico do corpo físico. Ou seja, o ponto principal de contato da mente com o cérebro.

O cérebro é capaz de armazenar dados dessa encarnação, na memória remota, e o mesmo se dá com a mente, que está hierarquicamente abaixo do corpo mental concreto. Neste estão armazenadas as memórias anciãs que podem ser acessadas, e o são, inconscientemente, determinando respostas incompreensíveis de agressividade ou medo, ternura ou misericórdia.

Todo esse complexo mecanismo apoia-se na síntese de substâncias que começam a ser melhor conhecidas pela ciência planetária: os neurotransmissores e os neuromoduladores, cuja atuação reflete, de modo geral, as emoções, os pensamentos, comportamentos, aprendizados e memória.

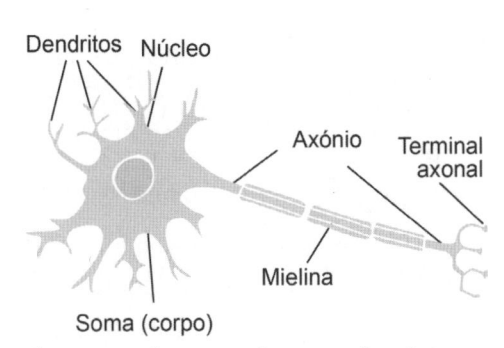

As células cerebrais são conhecidas como neurônios (figura ao lado). São milhões delas no sistema nervoso central, mas, diferentemente de células de outros tecidos, não se reproduzem ou regeneram. As pequenas ramificações do corpo dos neurônios – dendritos – são "dedos" responsáveis pela comunicação com as inúmeras redes neuronais que existem no cérebro. Através dos dendritos, o neurônio recebe informações de outras células cerebrais. A cauda do neurônio é chamada de axônio, sendo envolvida por uma bainha de mielina, substância vital para a função neuronal e cuja degeneração ou ausência gera doenças cerebrais variadas. O axônio leva informações para os demais neurônios. O local onde ocorrem as trocas de informação é chamado de sinapse (figura pág 56). E é ali que um dos milagres da criação acontece. De extrema velocidade e precisão, as informações elétricas e químicas são captadas por receptores existentes nos dendritos e deflagram as respostas determinadas. Tudo dependendo das escolhas do indivíduo. Se soubéssemos o volume de energia gerado por cada escolha, o desgaste mental com as emoções menores, o ganho energético com as superiores, a saúde física e mental obtidas com estas, possivelmente empregaríamos um esforço extra na correção de nossas atitudes e escolhas.

Os neurônios do sistema límbico secretam as substâncias envolvidas com a manifestação física das emoções. A ciência tem descoberto muito sobre esses veículos da expressão espiritual na terceira dimensão. De acordo com a propriedade do neurotransmissor e do terminal pós-sináptico, esses elementos podem promover a excitação ou a inibição da resposta entre neurônios que se comunicam por sinapses químicas. Os neurotransmissores são sintetizados por neurônios específicos. Os mais conhecidos neurotransmissores são:

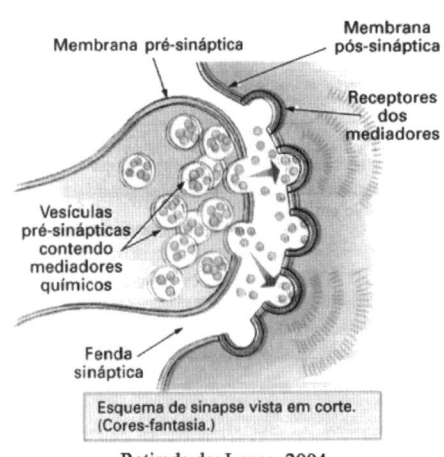

A **acetilcolina** está envolvida com diferentes comportamentos e funções como aprendizado, memória, atenção e contração muscular. A **serotonina** atua no humor e na modulação da agressividade. Sua carência produz agressividade e suicídios. A **dopamina** está envolvida no movimento muscular e sua ausência produz a doença de Parkinson. Na esquizofrenia, seu excesso está presente. A **noradrenalina** está relacionada à excitação física e mental. Sua carência leva a estados depressivos. A **GABA** é o principal neurotransmissor inibidor do cérebro. Sua carência está relacionada a certos tipos de esquizofrenia. O **glutamato** é o principal neurotransmissor encefálico, estando relacionado com a memória. A **endorfina** faz parte de um grupo de neurotransmissores denominado peptídeos, atuando na modulação da dor e na redução do estresse. É o componente dos doces, especialmente do chocolate, que faz com que as mulheres o procurem na tensão pré-menstrual.

Esquema de sinapse vista em corte. (Cores-fantasia.)
Retirada de: Lopes. 2004.

Todos os cérebros têm a capacidade de sintetizar, transmitir e captar essas substâncias. Mas os neurônios dependem da corrente energética proveniente da mente para que cada elemento atue no momento adequado. Emoções densas geram descargas poderosas sobre os neurônios que produzem neurotransmissores ou neuromoduladores, causando efeitos físicos danosos para o corpo físico, como alterações da pressão arterial, das frequências cardíaca e respiratória, ação sobre as glândulas endócrinas, podendo gerar distúrbios na tireoide, no pâncreas, nas adrenais, destruição de neurônios, etc., enquanto a serenidade, a gratidão, a fé, a misericórdia, o amor deflagram neurotransmissores como a serotonina e a endorfina, que harmonizam as funções orgânicas, trazendo saúde. Claramente, um corpo saudável depende de emoções saudáveis.

Nesse ponto específico é que ficam evidentes as maiores diferenças entre índigos e cristais, como veremos a diante: a inteligência emocional.

O filósofo grego, Aristóteles, escreveu:

"Qualquer um pode zangar-se, isso é fácil. Mas zangar-se com a pessoa certa, na medida certa, na hora certa, pelo motivo certo e da maneira certa não é fácil". (ÉTICA A NICÔMACO)

Em 1966, o psiquiatra alemão Hanskare Leuner utilizou o termo "inteligência emocional", pela primeira vez, na publicação *Praxis der kinderpsychologie und kinderpsychiatrie*, onde discutiu mulheres que rejeitavam seu papel social porque haviam sido separadas de suas mães muito cedo. Ele sugeriu que elas tinham uma "inteligência emocional" baixa e lhes prescreveu LSD como tratamento.

Em 1986, Wayne Payne citou o termo, em sua tese de doutorado *(Um estudo da emoção: desenvolvendo a inteligência emocional, autointegração, relação com o medo, dor e desejo)*. Ele defendia a promoção da inteligência emocional nas escolas, liberando a experiência emocional por meio de terapia. Em 1989, Stanley Greenspan apresentou um modelo de inteligência emocional. Peter Salovey, David Caruso e John D. Mayer, em 1990, escreveram sobre o tema. Mas o assunto ganhou popularidade e atenção da mídia quando o psicólogo e cronista do *The New York Times*, Daniel Goleman, lançou o best-seller *Inteligência Emocional*, em 1995.

Ele abre o livro contando sobre uma viagem que fez de ônibus, por uma Nova York de trânsito sempre infernal, em uma tarde de chuva. Descreve que o motorista recebia todos os passageiros com uma saudação acompanhada por um sorriso, mas ninguém respondia. No demorado trajeto, o motorista ia falando sobre os locais por onde passava, perguntando se os passageiros haviam assistido ao filme recém-lançado, ou se sabiam da liquidação em determinada loja. A fala descontraída e animada foi modificando o humor dos passageiros e, ao saírem do ônibus, saudados pelo motorista, sorriam de volta, verdadeiramente agradecidos. Conclui o autor que, em um mundo cada vez mais egoísta, frio e agressivo, percebe-se duas opções opostas: uma que leva à violência e outra que leva à paz.

Estará o sucesso condicionado ao QI? Quando um time é campeão, a vitória sempre premia o melhor tecnicamente ou o mais unido e preparado? Quantas vezes vimos o melhor time ser derrotado pelo azarão? Sorte ou outro fator interferiu?

O bem suceder depende de diversos fatores, mas aquele de maior peso é, na grande maioria das vezes, o controle das emoções, a determinação, a coragem, o ser "nós" antes de ser "eu". A identificação e a entrega a um ideal é que fazem a diferença. Se aliada a uma boa estratégia, então, melhor ainda.

Inteligência emocional implica perceber e expressar emoções, usá-las como informação, absorvê-las e administrá-las. Mas, igualmente, implica perceber as emoções alheias e as respeitar e compreender. Ou seja, ter empatia. É, nas palavras do maior gênio em inteligência emocional que já esteve neste planeta, Jesus de Nazaré, fazer ao outro o que deseja que lhe façam.

Pode-se aquilatar o grau de maturidade de um Espírito por seu grau de inteligência emocional, isso é certo. Daí por que digo que os índigos não são seres mais evoluídos que os demais humanos mas os cristais, sim, uma vez que estes têm maior coeficiente de inteligência emocional, não apenas no que tange ao autoconhecimento, mas, sobretudo, na empatia que lhes parece ser tão mais fácil de exercitar.

De acordo com Goleman, a inteligência emocional tem duas pernas: a interpessoal, que implica a capacidade de entender os outros, e a intrapessoal que é a percepção dos próprios sentimentos, o controle das emoções e a capacidade de se motivar sempre. Não necessariamente ambas têm o mesmo o mesmo grau de desenvolvimento.

A IE (inteligência emocional) interpessoal gera os líderes pela capacidade que têm de entender capacidades alheias, trabalhar com elas, agregar valores diferentes a um grupo, motivar outros a atingirem objetivos comuns. Todos os líderes têm, essencialmente, carisma. São aceitos e seguidos porque se destacam da massa. Podem ser altamente positivos ou totalmente destrutivos. Mas sempre são seguidos, invejados, atacados, amados, idolatrados. Contudo, nem todos os líderes têm IE intrapessoal elevada. Sempre são melhores na interpessoal porque conseguem motivar os demais.

A inteligência emocional manifesta-se em várias etapas, com diferentes graus de desenvolvimento:

Autoconhecimento: capacidade de reconhecer as próprias emoções, impulsos, estado de ânimo e suas ações sobre os outros.

Autocontrole: capacidade de controlar os impulsos, modificar o estado de ânimo negativo. Pensar antes de falar, agir. Meditar para concluir com justiça.

Motivação: determinação para o cumprimento de metas, ideal acima de interesses materiais, coragem para superar obstáculos.

Empatia: capacidade de compreender o mundo emocional dos outros e de se relacionar com as diferenças sem traumas. Da empatia, vem a capacidade de viver em grupo, de criar redes sociais e as manter.

Qual de nossas atuais emoções é a predominante para a maioria dos hominais presentes no planeta? Não tenho dúvidas em afirmar que é o medo. Goleman, com imensa sabedoria, escreve sobre essa avassaladora emoção que dominava a mente dos primeiros homens, instando-os a atos de coragem e violência para defenderem a prole, com o instinto de manterem a espécie:

> *"Mas, embora nossas emoções tenham sido sábias guias no longo percurso evolucionário, as novas realidades que a civilização apresenta surgiram com tanta rapidez que a lenta marcha da evolução não pode acompanhá-las. Na verdade, as primeiras leis e proclamações de ética – o Código de Hamurabi, os Dez Mandamentos dos hebreus, os Éditos do imperador Ashoka – podem ser interpretadas como tentativas de conter, subjugar e domesticar a vida emocional.*
>
> *Como descreveu Freud em O Mal-estar na Civilização, a sociedade teve de impor de fora regras destinadas a conter as ondas de excesso emocional que surgem demasiado livres de dentro.*
>
> *Apesar dessas pressões sociais, as paixões repetidas vezes esmagam a razão."* (INTELIGÊNCIA EMOCIONAL, 1995, Bantam Books, NY).

Sabemos que os Espíritos que animaram os corpos dos homens primitivos, do *Australopitecos* ao *Homo habilis,* entre 4,5 e 2,5 milhões de anos atrás, eram evolucionários primários da Terra e de fora dela, seres em transição do reino animal para o hominal, em primeiras tentativas de desenvolvimento da inteligência racional. Por um período extremamente longo de 2 milhões de anos, as aquisições de redes neuronais foram pequenas, se comparadas à atual velocidade de aprendizado do mesmo nível de Espíritos a transitar do reino animal superior para o hominal. Rapidez gerada pelo maior quantum da grade energética planetária, verdadeira teia energética composta por linhas de força em diversos níveis de energia, desde aqueles sob a crosta terrestre, como as linhas telúricas, passando pela rede formada pelas linhas de ley, que são superficiais e mais rápidas, até a mais intensa, presente na estratosfera e denominada Camada de Ressonância de Schumann ou marca-passo biológico do planeta. Grade de Luz que prove a vida planetária em todas as suas dimensões. O planeta também é um ser que evolui pelo quantum energético que apreende. Cada vez que um habitante planetário aumenta seu quantum energético, o planeta evolui, o Sistema Solar evolui, a Via Láctea evolui e esse universo evolui. *Quantum* gera *quanta* e em progressão aritmética se relativo, ou seja, baseado na unidade de vida, ou em progressão geométrica se absoluto, isto é, se baseado na soma do aprendizado das unidades de vida. A conclusão desse maravilhoso assunto evolução é que, embora esta seja pessoal e intransferível, afeta e atua sobre o todo e, a seu tempo, é afetada e modificada pelas mudanças do todo. Essa percepção deve nos fazer abandonar conceitos de individualismo porque somos reflexos individualizados da mesma Fonte Criadora, conhecida neste planeta como Deus. Deveria ser capaz de nos fazer abandonar o medo que nos aprisiona a éons incontáveis ao mundo das formas. Medo presente desde sempre, nascido, como já falamos, da necessidade instintiva de manutenção da espécie. Essa energia poderosa comanda nossas ações, reações e análises. Cria um filtro fumê que nos impede de ver, ouvir e sentir desarmados. O medo gera o orgulho e, deste, nascem os demais problemas que nos projetam no vórtice escuro da imaturidade. Medo do quê? Nesse atual momento de transição planetária, onde vemos o mal, aparentemente, vencendo o Bem, medo de tudo. Quanto mais medo, mais agressividade, mais violência, mais impaciência, mais intolerância, mais ansiedade, mais doenças, mais isolamento, mais solidão, mais medo. Fecha-se o círculo, mantém-se aprisionado o homem.

Portanto, o medo é o grande entrave para o livre desenvolvimento da inteligência emocional e somente pode ser combatido com duas poderosas armas: autoconhecimento que nos permite saber de nossas limitações, assim como de nossos potenciais, e a fé no poder da única energia contra a qual não existe defesa: o amor.

O grande problema é que as emoções também são treináveis. Isso quer dizer que a repetição de uma resposta emocional a estímulos similares ensina aos neurônios como responder, cria-se um arco reflexo, uma resposta condicionada que nos induz a ter comportamentos esperados, inconscientes e, frequentemente, de baixa vibração. Nesse ponto, prepondera a inteligência emocional de auto-percepção. Fica claro como é importante analisarmos a energia emocional que se ergue dentro de nós, a fera que ruge e, muitas vezes, baba, acelerando nosso pulso, tornando-nos cegos e surdos, passageiros no veículo que se torna o pobre do corpo, atingido por substâncias adrenérgicas altamente prejudiciais. Analisada e ponderada a tempo, pode ser impedida, alterada, recanalizada e se salva o corpo e nossa alma. Como a paradinha antes de bater o pênalti ajuda o artilheiro a marcar o gol, um breque na volúpia da emoção pode ajudar a salvar relações, evitar carmas, salvar células de destruição certa.

Esse é o grande valor da inteligência emocional. Seu exercício nos leva à evolução, inequivocamente. Os Espíritos de Luz sabem disso, já experimentaram os vórtices dolorosos da imaturidade e venceram. Os extraterrestres venceram os mesmos obstáculos que nós e sabem que o caminho é o da mansidão. Terá sido por isso que Jesus de Nazaré disse que "os mansos herdarão a Terra"?

Quando se cresce em coeficiente de inteligência emocional (QE), percebe-se que o bem comum é tão importante quanto o próprio bem. Afinal, somos todos um. Ainda que de modo instintivo, tem-se essa consciência e, baseado nela, nasce a vontade de realizar algo em prol do coletivo, para diminuir a dor, o sofrimento, para se trazer novos modos de ver e entender a vida, na justa medida em que se vai entendendo a si mesmo, como cidadão do universo.

O sempre ávido mundo material, ao se dar conta de que o QI elevado não garantia o sucesso, passou a buscar soluções em profissionais que tivessem o QE adequado às necessidades de mercado. Novos testes foram criados e as pessoas passaram a ser avaliadas pelas respostas a questões sobre escolhas, humor, moral, ética, prioridades, etc. Um novo mundo se abriu, ainda que baseado apenas na relação custo x benefício.

Todavia, em vez de isso representar uma evolução da raça humana, apenas determinou a utilização de lógica para "trapacear" nesses testes, criando quem se poderia ser, mas, por imaturidade, por comodismo e incredulidade da eternidade, não se é, ainda.

Como já foi dito, as emoções podem ser treinadas e, assim, podemos mesmo nos tornar um ser melhor, mais harmonioso, mais em paz consigo e com o meio. Treinarmos para nos sentir gratos por tudo o que temos, ainda que não seja o que queremos, é o primeiro e gigantesco passo na direção da maturidade. A gratidão tem um poder extraordinário para alterar nosso campo energético, para criar novas redes neuronais, para nos conectar com a alegria e a satisfação, para nos conectar com a Fonte Criadora. Esse é um caminho tão seguro quanto, atualmente, obrigatório, para aqueles que se apercebem que o *status quo* atual vai desaparecer muito em breve.

Ao lado da gratidão, há um outro sentimento que se torna luminar e necessário: a misericórdia. Energia de elevada vibração, oposta ao menosprezo que nos faz agir dentro da consciência de que somos, mesmo, apenas um. Se for desenvolvida, desaparecem os sentimentos que nos tornam mesquinhos, covardes, pequenos. A empatia é a palavra de lei.

Não podemos pensar que é fácil a reeducação emocional. Afinal, estamos patinando nesse estágio há bons milênios já. Os comportamentos adquiridos pelo medo estão gravados em nosso DNA e nossas amígdalas são excelentes resgatadoras dos mesmos. Esse processo é conhecido como sequestro, que envolve, neste caso, o tálamo, as amígdalas e o giro pré-frontal. Ficamos impotentes diante da avassaladora sensação trazida das memórias remotas, tal qual os pobres animais de circo que, covardemente treinados pela dor cruel, atendem aos comandos mesmo sem as armas de tortura. Pois é, meu amigo leitor, o medo é um feitor que alimentamos. Mas aqui, em nosso socorro, vem o neocórtex que pergunta: isso é real? Eu preciso defender meu território? Estou mesmo sendo agredido? Quero agredir? Preciso agredir? Preciso me agredir?

Ao se questionar, tira-se o comando das estruturas ligadas à memória e à agressividade e se dá poder ao moderado neocórtex. É o *turning point* (ponto de virada) que nos torna capazes de terminar com os reflexos condicionados que trazemos há tanto tempo.

Logo, para se desenvolver a inteligência emocional, devemos buscar o autoconhecimento, com ou sem ajuda psicoterapêutica.

Vida em contato com a natureza, conviver e aprender a amar com animais de estimação, participar de projetos sociais, procurar conviver e rever posições quanto a parentes e pessoas não afins são ótimos meios de se ganhar referências para a maturidade emocional.

Vai doer, mas é uma daquelas dores do parto cujo nascimento trará à luz do mundo um ser melhor, um novo ser.

É importante falarmos, aqui, sobre o conceito de inteligências múltiplas, feito em 1980, na Universidade de Harvard, pela equipe coordenada por Gardner. Eles partiram do ponto que uma criança que tivesse mais dificuldade em uma operação matemática de multiplicação não seria, necessariamente, alguém com incapacidade para matemática, mas poderia ser alguém que precisasse de um novo enfoque para o problema, de outro método de ensino, alguém que demorava porque tinha uma visão mais profunda sobre a multiplicação, por exemplo. Ao mesmo tempo, ser menos rápido em matemática não implicava ter dificuldade com outras matérias, como literatura, ou história ou ciências. Eram diferentes aptidões, diferentes inteligências. O estudo foi intenso e extenso e Gardner o publicou, descrevendo que diferentes estruturas do cérebro estão relacionadas a diferentes tipos de inteligência e que, portanto, são isoláveis. Para ele, as inteligências múltiplas compreendem:

Intrapessoal: autoconhecimento
Interpessoal: percepção do outro
Linguística: aptidão para letras e interpretação de textos, escrever, palestrar.
Lógica-matemática: racional, metódica, ciências exatas.
Naturalista: compreensão da natureza, zelo, ecologia correta, ciências biológicas.

Corpo-cinestésica: Propriocepção acentuada, coordenação motora superior, aptidão para esportes.
Musical: ritmo, ouvido, talento musical.
Espacial: domínio da pintura, do desenho, visão espacial, abstração.

A tese de Gardner e seus copesquisadores é totalmente compatível com o que sabemos ser ganho genético, encarnação após encarnação, quando vamos sedimentando o conhecimento da atividade realizada, do bem produzido. Existem pessoas que chamamos de gênios ou superdotados porque são acima da média em muitas atividades. Um atleta de ponta, geralmente, é bom em diversos esportes além daquele que elegeu como prioridade. Michael Jordan, Pelé poderiam se destacar em outros esportes que não o basquete e o futebol, tal a coordenação motora e a rapidez de reflexos que têm. Barbra Streisand não é apenas uma cantora extraordinária. É uma atriz excelente, grande compositora, ótima diretora, fantástica fotógrafa. Margarete Áquila, que acredita na música como forma de cura e libertação de padrões arcaicos de medo, é uma excelente psicanalista e palestrante internacional, escritora. Os gênios em suas áreas parecem ter a genialidade se estendendo por redes neuronais que os torna acima da média em outros campos das inteligências múltiplas.

Existem exercícios de desenvolvimento da inteligência emocional, na internet, que podem ser feitos sem susto. Mas o melhor exercício é viver o dia a dia.

Como se ensina no Reiki Usui-Tibetano: só por hoje.

Capítulo 5

Inteligência Espiritual

Dana Zohar é uma norte-americana que estudou física e filosofia no MIT (Instituto de Tecnologia de Massachusetts) e, mais tarde, pós-graduou-se em Filosofia, Religião e Psicologia, em Harvard. Professora em Oxford, atualmente, começou a se destacar no trabalho de gestora de líderes, com palestras e treinamentos para altos executivos de empresas mundiais importantes como Volvo, Astra Farmacêutica, Werner Lambert Farmacêutica, Philips Morris, Marks & Spencer, Shell, British Telecom, Motorola Philips, BMW, McCann Erickson, Coca-Cola, Unesco, citando apenas algumas. Em uma de suas clínicas para altos executivos de uma multinacional, ouviu de um deles que, embora tivesse sucesso profissional, ótimo salário, uma família que amava, sentia um buraco no estômago e não sabia o porquê. Para a surpresa de Zohar, todos os demais concordaram com ele. Mas o fato é que esses altos executivos não viam sentido em suas vidas e, por isso, a sensação de vazio. Naturalmente que vivem em meio altamente competitivo, mas nada lhes falta daquilo que o homem comum crê que seja a felicidade: dinheiro, bens, família. Então, onde estava o problema? A maioria das pessoas coloca a felicidade condicionada a ter segurança financeira. Mas pessoas que a têm são felizes? E pessoas que não a têm ficam sem chances de conquistar a felicidade? Será simples assim? Zohar diz que perdeu a fé nas religiões aos 11 anos, mas sempre procurou um meio de se realizar espiritualmente fora dos limites dogmáticos. Seu trabalho a levou a desenvolver a teoria da terceira inteligência, como denomina, a inteligência espiritual ou QS.

No ano 2000, Dana Zohar lançou, com seu marido, o psiquiatra e psicoterapeuta Ian Marshall, o livro que seria traduzido em 27 idiomas: QS, *INTELIGÊNCIA ESPIRITUAL*, tornando o polêmico assunto uma discussão e um modismo mundiais. Foi matéria de capa das revistas norte-americanas *Newsweek* e *Fortune*, onde afirmou que "*A inteligência coletiva é baixa na humanidade moderna. Vivemos em uma cultura espiritualmente estúpida, mas podemos agir para elevar nosso quociente espiritual*".

A inteligência espiritual é a percepção de que existe uma Fonte Criadora e que nos relacionamos com ela, mas, sobretudo, a capacidade de nos questionarmos se queremos estar em determinada situação, podendo explorar seus limites. É o poder transformador. QS fala-nos de nossa alma. Permite o *"pensamento criativo, capaz de insights, formulador e revogador de regras"*, como pontua Zohar. Está relacionada com o que significam para o indivíduo e não apenas como sua vida é afetada por eles, provocando uma reação por parte do mesmo.

Por intermédio dos estudos arqueológicos, sabemos que, a partir do *Homo erectus*, o homem passou a ter noção de que havia uma força maior que tudo. Sabemos que a Terra sempre foi visitada por seres extraplanetários que, por muitas razões e nem sempre nobres, vinham ao jovem planeta em estabelecimento de regras da vida. O *Homo abilis*, por muitos cientistas considerado apenas um Australopitecos moderno de 2,5 milhões de anos atrás, era um nômade, sem organização tribal, sem linguagem definida, que criava ferramentas com as mãos para se proteger e caçar, fazendo bom uso do que a natureza lhe dispunha de vegetais. Não há registros desses habitantes da caverna terem qualquer consciência de divindades superiores a eles. Mas o *Homo erectus* já tinha uma gama maior de redes neuronais, vivendo em tribos com líderes, noção de família, linguagem, iniciação às artes, como vemos pela pintura rupestre que retrata a vida desses antecessores do híbrido *Homo sapiens*. Esses hominais conheceram seres extraterrestres que vestiam trajes espaciais, como pode ser comprovado por dezenas de desenhos rupestres em todos os continentes. Seres que voavam, que tinham armas de fogo, que os sobrepujavam. Seres que foram vistos como superiores a eles, não deuses. Viam Espíritos de Luz e de sombras que os visitavam, intangíveis, em uma época ma qual a mediunidade era rudimentar e livre nos sentidos, como o é hoje para os animais. Mas não havia a base de entendimento sobre divindade ou espiritualidade. Esse conceito surge já no *Homo sapiens,* o híbrido criado por interferência extraterrestre. Esses novos humanos conviviam com seres que viam se portarem como deuses, exigentes, orgulhosos. Aqui, portanto, surge o conceito de divindade que foi sendo trabalhado e evoluiu para os tantos conceitos atuais, nas mais diversas religiões deste planeta. De fato, a atual humanidade ainda não compreende a Fonte Criadora, tendo apenas conhecimento de sua existência, dando-lhe a roupagem que mais lhe convém.

Porém, crendo ou não, compreendendo ou apenas entendendo, o homem busca por um sentido em sua vida. Essa é sua principal busca, a partir de determinado estágio evolutivo, quando o instinto é superado pela razão. Quando essa necessidade não é satisfeita, nasce a frustração e a vida nos parece vazia. Podemos dizer, infelizmente, que na atual humanidade, a grande maioria se sente vazia e se esconde na rotina do dia a dia porque não sabe onde procurar.

Desde a Revolução Industrial e o consequente capitalismo, o homem deixou-se governar pelo dinheiro, pelo possuir. Tudo o que importa no mundo dos negócios é o lucro. Quanto mais se tem, mais se quer ter. Nada é bom o suficiente.

Todo esse corporativismo canibalista está devastando o planeta, consumindo os recursos que não são infinitos, como a água. Cria desigualdades sociais que levam à miséria e esta à violência. Mas, em contrapartida, está gerando uma crise nas lideranças nas empresas e nos governos que fazem a destruição ambiental, da saúde e da moral das pessoas que trabalham ou cujas vidas são afetadas por elas. O homem perdeu o rumo, a noção do que é importante, do que é ético. Corruptos políticos se tratam pelo adjetivo "nobre". Homens corruptos e ricos se dizem guardiães da honra. Importa a força e não o direito.

Isso gera o estresse da vida moderna, a busca de válvulas de escape como álcool, drogas, sexo irresponsável. Então, se olharmos esse quadro, vamos dizer: "Jesus, me acuda! Está tudo perdido".

Aqui é que entra a inteligência espiritual que nos leva a superar o horror, porque cremos que existe esperança e que a ação em prol do Bem Maior é a saída. A superação do "eu" em prol do "nós". A consciência de que algo deve mudar chegou às empresas. Dana

Zohar cita exemplos dessa conscientização e, aqui, não vou discutir a motivação real porque não a conheço. Mats Lederhausen, vice-presidente de estratégia global do McDonald's, é um desses exemplos. Diz Dana Zohar, em uma entrevista repercutida até hoje em sites da internet, dada a Suzana Naiditch, conforme a revista *Exame*:

> *"Sua função na empresa é ser a voz de protesto e consciência, sacudindo pessoas, agitando o barco. Ele iniciou projetos como a distribuição de vacinas antipólio na África, a luta contra plantações geneticamente modificadas, o uso de gaiolas maiores para as galinhas e um trabalho para restaurar ecossistemas danificados. Outro exemplo é a Amul, empresa da Índia que distribui para o Estado de Gujarat o leite de 10 mil cooperativas. A Amul compra todos os dias o leite de camponeses que possuem apenas uma vaca, permitindo que indivíduos pobres possam competir com grandes fazendeiros. O Banco de Desenvolvimento da Ásia se dedica à erradicação da pobreza com programas de microcrédito para pessoas muito pobres. A British Petroleum adotou um novo slogan, 'Além do Petróleo', e está colocando o grosso de seus fundos de pesquisa no desenvolvimento de tecnologias energéticas alternativas, menos agressivas ao meio ambiente. John Browne, o CEO da companhia, conseguiu aumentar o valor das ações enfatizando relações de longo prazo entre sua empresa e a sociedade."*

Portanto, o líder espiritualmente inteligente é alguém cuja inspiração é ser útil, sendo responsável por dar novas visões e valores ao grupo que comanda. É a inspiração para os demais, mostrando novos e melhores caminhos. O exemplo a ser seguido. Podemos citar: Chico Xavier, Madre Teresa de Calcutá, Irmã Dulce da Bahia, Dalai Lama, Nelson Mandela, Mahatma Gandhi, Bezerra de Menezes. Nenhum político mundial é citado, por Dana ou qualquer outro pesquisador. Nem serei eu a fazê-lo.

Zohar esclarece que a inteligência espiritual baseia-se em autoconhecimento, tendo um importante papel no desenvolvimento da personalidade em suas três dimensões básicas: conteúdos e sentidos, afetividade e desenvolvimento ao longo das diferentes etapas da vida. Caracteriza-se pela capacidade de se crer em uma Mente

Criadora Universal e a ela se integrar, compreender uma dimensão espiritual da vida, a busca pela verdadeira liberdade por meio do exercício da ética. A QS aumenta à medida que compreendemos mais a existência da Fonte Criadora em nós, buscamos um sentido mais amplo e justo em nossas vidas, usamos nossa criatividade e intuição. Em resumo, buscamos nos tornar servidores e não seres a ser servidos. Nenhuma religião e, ao mesmo tempo, todas estão ligadas à QS. A Fonte Criadora está acima de todas as religiões, mas presente em todas elas, ainda que com diferentes personalidades. O homem criou Deus à sua imagem e semelhança. Não o contrário.

Mas haverá um plug-in com Deus, em nosso cérebro? Você já ouviu falar do *"PONTO DE DEUS"*?

Se existem ciências de ponta, a neurociência é uma delas, e em uma época onde se estuda o cérebro e suas funções com avidez, a ideia sobre múltiplas inteligências, naturalmente, levaria a uma pesquisa sobre a cognição sem vida e a ligação com Deus sendo aferida. Nos anos 1990, Michael Persinger, neurocientista da Universidade Laurentia (Canadá), especulou que as experiências transcendentais são evocadas por microimpulsos elétricos nas estruturas do lobo temporal. Persinger e seus colaboradores desenvolveram um capacete que emite vibrações da ordem de 40hz e realizaram pesquisas com voluntários que relataram sentir uma presença espiritual próxima a eles durante a estimulação. Pehr Granqvist, da Universidade de Uppsala, Suécia, reproduziu a experiência e encontrou resultados diferentes, não corroborando a tese de Persinger sobre os lobos temporais.

O neurocientista Vilanayanu Ramachandran, diretor do Centro para Cérebro e Cognição, da Universidade da Califórnia, em San Diego, trabalhou longos anos com pessoas que, natural ou artificialmente, haviam lesado essas áreas temporais. Em 1997, em uma palestra, baseado em experimentos com imagens do cérebro, hipotetizou que havia várias estruturas nos lobos temporais relacionadas com a fé e que deveriam ter evoluído para impor ordem e estabilidade na sociedade. Contou sobre um experimento que estava fazendo com pacientes que haviam sofrido derrame nos lobos temporais, nos quais era realizada leitura cutânea de corrente galvânica após a exposição dos mesmos a palavras sobre temas religiosos, sexuais, neutras e imagens. Descobriu que a resposta aos temas religiosos e às imagens era, anormalmente, alta. Concluiu que, talvez, os lobos temporais estivessem envolvidos com a religiosidade. Em outras palestras e no livro *Os Fantasmas do Cérebro*, voltou a abordar o assunto. Naturalmente que o mundo científico foi muito crítico com ambos os cientistas. Mas o assunto continuou a ser pesquisado. Dana Zohar, igualmente, advoga a existência de uma área específica do cérebro relacionada à inteligência espiritual.

Andrew Newberg e colegas utilizaram estudos com neuroimagem funcional, através do SPECT, um método de imagem computadorizada que avalia o fluxo sanguíneo cerebral. Eles pesquisaram freiras franciscanas, durante uma oração guiada para a abertura da conexão com Deus, notando que ocorria um decréscimo significativo na atividade dos lobos parietais, relacionados com orientação espaçotemporal. Recentemente, estudos com ressonância magnética funcional e eletroencefalografia foram feitos em 15 freiras carmelitas para medir a atividade cerebral, durante uma experiência mística. Elas referiram ter sentido a presença de Deus, seu amor incondicional e infinito, plenitude e paz. Os exames mostraram que várias regiões e sistemas cerebrais mediaram os diferentes aspectos da experiência mística.

Tendo em vista a complexidade de um momento transcendental, quando temos várias funções cerebrais ativadas como os sentidos físicos, as emoções e a cognição, parece lógica a conclusão de Newberg e colaboradores de que não existe um ponto de Deus no cérebro, mas vários deles. Uma rede neuronal.

Em 2010, o assunto foi retomado por outro neurocientista, o canadense Mario Beauregard, cujo livro *O Cérebro Espiritual* veio na contramão da atual tendência científica de se considerar a inexistência de Deus. Ele não aceita tratar assuntos religiosos como patologia mental e é contra o materialismo reducionista. Pesquisando os relatos com muitos pontos em comum, de um grupo de pacientes do cardiologista holandês Pim van Lommel que tiveram experiências de quase morte (EQM), imagens de luzes e túneis são descritas por quase todos eles. Isso demonstra atividade cerebral durante a parada cardíaca, quando se sabe que os sinais das sinapses elétricas perto do couro cabeludo são nulas. Mas os pacientes têm pensamento lógico, memórias da parada cardiorrespiratória. Alguns deles chegam a relatar as atividades da equipe paramédica em seu socorro. A ciência advoga que tais ações cerebrais seriam impossíveis, mas elas ocorrem. Os dados já pesquisados provam que, mesmo com o cérebro inativo, a mente continua a funcionar. Somos mais que cérebro. Somos alma. Nosso cérebro é uma máquina de conexão transcendental.

Usamos de nosso QI quando buscamos soluções para a vida lógica, por exemplo, como vou esticar meu salário este mês? Usamos de nosso QE quando precisamos equacionar nossa resposta à vida prática, por exemplo, compreendo e deixo passar ou entro em discussão com meu filho? Usamos de nosso QS quando precisamos criar novas situações porque estamos questionando tudo. Ao buscarmos quebrar paradigmas que já não nos servem mais, precisamos mudar de rumo, quando nos sentimos num impasse, quando as armadilhas do velho querem nos reter no modo de vida inconsciente da terceira dimensão.

Existem, na definição de Zohar, 12 princípios da QS que devemos seguir para desenvolvê-la. São simples, naturalmente, mas difíceis para seres materializados como ainda somos:

1) TENHA SEMPRE UM PENSAMENTO POSITIVO (mesmo que o mundo esteja desabando sobre você. Veja o copo meio cheio e nunca meio vazio.)

2) DESCUBRA QUEM VOCÊ É (se não tiver conhecimento de suas virtudes e suas falhas, como irá ser aquele alguém maravilhoso que, geneticamente, existe em você?)

3) DESENVOLVA A HUMILDADE (lembremos que nosso grande obstáculo é o orgulho que nos faz erguer uma muralha em torno de nós, para proteção contra os riscos de dor. Sempre baseados no medo. Sempre apavorados que descubram nossas falhas. A autoconsciência nos fortalece a tal ponto que não precisamos mais de defesa, não precisamos acreditar que somos mais que os outras. Podemos ser a mão que serve. Podemos não ter a última palavra. Podemos deixar passar, dar a outra face porque nada é capaz de diminuir o respeito que temos por nós mesmos.)

4) EXERCITE A COMPAIXÃO (essa é a grande virtude que poderia salvar o planeta já. Perceber a necessidade do próximo, seja ele uma pedra onde a mônada dorme, um vegetal onde a mônada

sonha, um animal onde a mônada desperta ou um hominal onde a mônada constrói e destrói com a mesma facilidade. Compaixão é dar sem julgar.)

5) REVEJA SEUS VALORES (o que o faz feliz? É felicidade mesmo? É prazer que é temporário ou satisfação que é permanente? Do que você precisa para ser feliz? É ter coisas temporárias ou ser integral com o Todo? O importante para você é estar certo o tempo todo ou ser feliz? Como sempre ensina Margarete Áquila).

6) VIVA APENAS O PRESENTE (o passado existe. É uma energia que se faz de base para o presente e que não pode ser modificada. O futuro não existe. Ele se fará a cada escolha nossa. A única energia que temos e que gerenciamos é o presente. Como sabiamente ensinou Chico Xavier: *"Ninguém pode voltar atrás e fazer um novo começo. Mas qualquer um pode recomeçar e fazer um novo fim"*).

7) TODOS ESTÃO CONECTADOS (O que fazemos interfere na vida de todos os seres vivos. Somos todos responsáveis).

8) PERGUNTE SEMPRE: POR QUÊ? (Buscar por respostas amplia sempre os horizontes, traz novas perspectivas).

9) MUDE SUA MENTE (crie novos paradigmas, mude sua visão de si mesmo e da vida).

10) VALORIZE SEUS PRINCÍPIOS, QUESTIONE-SE, LUTE PELO QUE ACREDITA, MAS OUÇA OUTRAS OPINIÕES SEM ARROGÂNCIA (Uma mente é poderosa. Uma mente aberta ao positivo é deusa criadora).

11) CELEBRE A DIVERSIDADE (Nada mais arcaico e negativo que o preconceito. Sabendo que já tivemos muitas vidas e roupagens, como podemos preconceituar?).

12) DESCUBRA SUA VOCAÇÃO, SEU PROPÓSITO DE VIDA E COMO PODE FAZER A DIFERENÇA.

Podemos desenvolver nossa inteligência espiritual?

A inteligência emocional pode ser desenvolvida através da meditação que nos coloca em estado alterado da consciência, em uma viagem para dentro de nós mesmos. A leitura de padrão elevado, com aquisições na área espiritual, bem como as artes de modo geral e a música, em especial, colaboram para estimular as áreas cerebrais envolvidas na cognição, percepção e emoções de maior nível vibratório. Mas, sobretudo, a prática do Bem é o caminho mais rápido e adequado.

O maior exemplo de gênio em inteligência espiritual que já pisou neste planeta foi Jesus de Nazaré. Ele é, sem dúvida, o exemplo a ser seguido.

Capítulo 6

Índigos

Em 2004, fui palestrar em Porto Alegre, RS, em um evento de mestres do Reiki Usui-Tibetano, a convite de minha mestra Ana Momo. Ali, conheci duas reikianas argentinas e de uma delas ouvi: *"Você é índigo!"*.

Meu primeiro pensamento foi: *"Será que isso é grave?!"*. Ela parecia muito feliz com isso, o que me acalmou, e me disse que minha aura era bem índigo.

Não perguntei sobre o assunto (ah, o orgulho índigo!), naquele momento, mas a curiosidade me fez pesquisar e acabei descobrindo uma espécie de ode a seres índigos, como se os mesmos fossem Espíritos mais evoluídos que os demais. Mas eu não sou nada disso. Contudo, tinha as características descritas para esses seres. A partir daí, comecei a pesquisar por conta própria para entender que gente era essa e descobri que índigos são seres diferentes, mas não mais evoluídos que os demais. Essa é uma concepção rasa porque evolução é um campo muito vasto.

A despeito de esse tema ter vindo à luz pelo trabalho pioneiro de Nancy Ann Tappe, em 1982, quando menciona as características deles no livro *Entendendo Sua Vida Através das Cores,* os índigos não estão encarnando apenas desde o século XX. Índigos nascem na atual humanidade com a missão de transformar o meio que é a principal responsabilidade desses Espíritos.

Sempre nasceram índigos na Terra, quer seja na quarta raça humana (a dos atlantes), quer seja na quinta e atual. Mas a partir dos anos 1960, o reencarne de índigos foi maciço e sem precedentes, chegando ao ápice nos anos 1980. A Terra precisava ser preparada para a mudança vibracional e cabia a esses seres promoverem a revolução.

Ao longo da história, temos inúmeros exemplos de Espíritos que mudaram a concepção da vida, trouxeram ideias novas, romperam paradigmas arcaicos e foram adorados e odiados com o mesmo fervor. Seres capazes de indicar caminhos claros e ter sentimentos em torvelinho. Típicos "façam o que eu digo, mas não façam o que eu faço".

Podemos citar Sócrates, Platão, Hipócrates, Pitágoras, Arquimedes, o faraó Akenathon, Confúcio, Alexandre, o Grande, Moisés, Salomão, os apóstolos Pedro, André e o convertido Paulo de Tarso, Júlio César, Napoleão Bonaparte, Robespierre, Danton, Marat, Benjamin Franklin, George Washington, Adolf Hitler, Lênin, Rui Barbosa, Nelson Mandela, Albert Schweitzer, além dos já citados no capítulo 3. Mas poderíamos citar muitos mais. Isso apenas ratifica o fluxo constante de transformadores que a atual humanidade recebeu e recebe.

Cito-os porque não é essencial que se veja a cor da aura para se definir um índigo e, também, para compreendermos que eles são capazes de grandes atos, bons e maus.

Fica mais simples compreender por meio de um arquétipo, isto é, de um modelo básico ideal. Para Jung, o arquétipo é uma espécie de imagem incrustada, profundamente, no inconsciente coletivo da humanidade. Ele acreditava que as "imagens primordiais" tinham origem a partir de uma constante repetição de uma mesma resposta para determinada experiência, durante muitas gerações. Eles se encontram entrelaçados na psique, sendo geralmente impossível isolá-los. Contudo, conforme o genial psicanalista, cada arquétipo constitui uma unidade que pode ser apreendida intuitivamente.

Para os índigos, sempre escolho João Batista como o arquétipo ideal. A voz que clama no deserto e acaba decapitada. Vamos analisar o que conhecemos sobre esse grande índigo que foi o precursor do cristal Jesus de Nazaré. João é filho tardio do casal Zacarias e Isabel, tendo nascido, hipoteticamente, em 2 a.C. ou 5 a.C. Zacarias era sacerdote na pequena Aim Karim, que distava cerca de seis quilômetros de Jerusalém. Isabel fazia parte de um grupo de mulheres chamado "Filhas de Aarão", tendo deveres religiosos na vida cultural do povo judeu. O casal não tinha filhos, vivendo a amargura de não cumprirem a lei de Deus "crescei e multiplicai-vos", quando, por "milagre divino", Isabel engravida e é revelado que a criança seria um enviado, um eleito, o precursor do Messias. O sacerdote fica mudo como castigo por descrer do "poder de Deus", recuperando a voz quando, nascido o filho, nomeia-o João, que significa "Deus é propício". Isabel era prima de Maria, a virgem de Nazaré, e ambas se encontram já grávidas, sabendo que seus filhos seriam a Luz para o mundo.

Podem dizer que os meninos foram induzidos a se crerem seres especiais. Mas não foi essa crença que os fortaleceu para as árduas missões que tinham. A força vinha da sintonia com a Fonte Criadora. É importante registrar que a convivência deles foi mínima, mas a ligação mental, imensa.

Focando no índigo João Batista, as pesquisas históricas, notadamente os relatos do historiador judeu Flávio Josefo, indicam que ele foi preparado para servir a Deus, sendo iniciado na educação nazarita por volta de seus 14 anos. Os nazaritas não podiam beber bebidas intoxicantes, deviam deixar os cabelos crescerem e não podiam tocar os mortos. A comunidade nazarita mais próxima era em Engedi (Qumram), sede sul da irmandade. Quando Zacarias morreu, João teria cerca de 18 anos e assumiu o sustento de sua mãe, como mandava a lei. Mudaram-se, então, de Judá para Hebrom, onde ele iniciou a vida de pastor, juntando-se a grupos ascetas que ali viviam. Quando Isabel faleceu, cerca de uma década depois, João doou todos os seus bens à seita nazarita e dedicou-se àquela que seria sua missão: ser o precursor da Boa-Nova.

Ele sabia que era um enviado. Isso lhe era dito por seus pais e amigos destes, que ansiavam por mudanças. Desde a infância, demonstrou inteligência superior e uma grande capacidade de liderança e de aprendizado. Seu domínio das Escrituras encantava os rabinos que o conheciam. Mas não se mostrava interessado em ser o "enviado", o "escolhido". Seus olhos sempre deixam aparecer uma certa angústia, uma insatisfação. Mesmo quando sorria, havia nele certa tristeza que o incomodava. Não reconhecia em si aquele que havia sido profetizado, cujo nascimento era uma obra divina. Em seu íntimo, enchia-se de orgulho e de horror quando ouvia o pai repetir os versículos de Isaías e Malaquias sobre o profeta que seria enviado para preparar os caminhos do Senhor. O povo hebreu acreditava na reencarnação e em crenças nas escrituras do Velho

Testamento, onde se afirmava que Elias voltaria e seria o precursor do Messias, então tudo mudaria e o povo judeu seria liberto.

O profeta Isaías assim se manifesta: *"Voz do que clama no deserto: Preparai o caminho do Senhor, endireitai na solidão as veredas do nosso Deus"* (Isaías, 40:3). O profeta Malaquias se referiu algumas vezes ao retorno de Elias:

"Eis que eu envio o meu anjo, que preparará o caminho diante de mim; e de repente virá ao seu templo o Senhor, a quem vós buscais, o anjo do concerto a quem vós desejais; eis que vem, diz o Senhor dos Exércitos" (Malaquias, 3:1); e *"Eis que vos envio o profeta Elias, antes que venha o dia grande e terrível do Senhor; e converterá o coração dos pais aos filhos, e o coração dos filhos a seus pais; para que eu não venha e fira a terra com maldição"* (Malaquias 4:5,6).

No Novo Testamento, Lucas, o médico amoroso que escreveu sobre Jesus, falando sobre o ministério de João como precursor do Mestre nazareno, relata que o anjo esclarece a Zacarias que sua esposa está grávida, revela a volta de Elias e a missão a qual lhe cabia: *"E converterá muitos dos filhos de Israel ao Senhor seu Deus. E irá adiante dele no espírito e virtude de Elias, para converter os corações dos pais aos filhos, e os rebeldes à prudência dos justos, com o fim de preparar ao Senhor um povo bem disposto"* (Lucas, 1:16-17). O evangelista continua com as palavras de Zacarias sobre seu filho, João Batista: *"E tu, ó menino, serás chamado de profeta do Altíssimo, porque hás de ir ante a face do Senhor, a preparar os seus caminhos. Para dar a seu povo conhecimento da salvação, na remissão dos seus pecados"* (Lucas, 1:76-79). Outro evangelista confirma as profecias do Velho Testamento: *"Porque este é o anunciado pelo profeta Isaías, que disse: Voz que clama no deserto: preparai o caminho do Senhor, endireitai as suas veredas"* (Mateus, 3:3). Finalmente, João Evangelista, também, ratifica a reencarnação de Elias como o precursor da Boa-Nova mas que, em virtude do esquecimento provocado pela lei da reencarnação vigente neste planeta, fazia com que João Batista não revelasse quem, de fato, era: *"Quem és tu? Disse João Batista: Eu não sou o Cristo. E perguntaram-lhe: Então, quem és? És tu Elias? E disse: Não sou. És tu profeta? E respondeu: Não. Disseram pois. Quem és?*

Para que demos respostas àqueles que nos enviaram; que dizes de ti mesmo? Disse: Eu sou a voz do que clama no deserto: Endireitai o caminho do Senhor, como disse o profeta Isaías" (João, 1:19-23).

O desconforto de João Batista com a necessidade de o verem como Elias para que as profecias da chegada do Messias se cumprissem o atormentou até que, já maduro, assumiu sua missão. Quando adolescente, João teve um de seus raros encontros com o primo, seis meses mais jovem, também tido como um enviado de Deus para a salvação do povo judeu. Ao contrário de João, Jesus era a felicidade feita rapaz. Sorridente, confiante, humilde e tranquilo, ainda que, como João, tão cheio de uma energia diferente e intensa que não lhe permitia passar desapercebido, onde quer que estivesse. Ambos seriam, hoje, descritos como hiperativos. Tinham prazer em andar em silêncio, como se isso lhes tornasse possível ouvir a sinfonia divina. Enquanto suas mães conversavam, foram passear pelas redondezas. Jesus pressentiu a confusão de João que seria iniciado na seita nazarita. Para o nazareno, tudo estava certo e a Fonte Criadora sabia a hora correta dos acontecimentos. Mas João duvidava do que lhe diziam. Não via em si um enviado divino para fazer a diferença e percebia em seu coração que, seguindo o caminho que lhe era traçado, iria sofrer muito. Nessa época, João tinha muito medo. Os rapazes conversaram muito sobre a carga que lhes era imposta pelas famílias e João disse que não gostaria de assumir tal encargo. Com amor e amizade, Jesus lhe disse algo que transformaria o medo em força: *"O Pai Celestial tudo sabe, meu amigo. Se fomos enviados para trazer a vontade d'Ele ao mundo, como nos dizem, não seremos abandonados, não estaremos fracos, não ficaremos perdidos. Na hora d'Ele, tudo nos será revelado e saberemos a verdade de nossos propósitos. Se desistirmos antes, por medo ou comodidade, jamais saberemos do que seríamos capazes. Jamais seremos completos. Mas, principalmente, João, jamais saberemos quem somos de fato e, assim, a felicidade não será nossa companheira. Se nos foi dada a graça de servirmos em nome do Pai Celestial, façamos apenas a nossa parte. O resto d'Ele virá".*

Após este encontro, João teve sua fé reforçada e decidiu que seguiria o caminho que lhe havia sido traçado. As palavras de Elias passaram a ser suas companheiras. Após a morte da mãe, ele pôde, enfim, iniciar sua missão. A influência, consciente ou não, do profeta Elias se fez refletir no modo de vida escolhido pelo precursor da Boa-Nova: vestir-se com pele de animais, apenas cingindo-se com um cinto na cintura, o cajado, alimentação frugal e a forma de falar. Mas a sabedoria de João e sua consciência de como o homem deveria mudar para poder religar-se a Deus o distaram em muito de sua existência como Elias. Manteve, sim, o destemor e a intolerância para com o erro, a coragem de falar a verdade sob risco pessoal. Sua principal meta era falar a todos sobre o Messias, que, dizia, já estava entre eles. João queria preparar os judeus para poderem assimilar a lei de fraternidade que o Messias traria em breve. Não se pode creditar a ele o batismo nas águas, pois que já era praticado pelos judeus, mas, para horror dos ortodoxos, João batizava, também, para converter os gentios. Aqui ficava clara a diferença deste profeta: ele não vinha apenas para os judeus, mas para todos, porque assim seria o seu Senhor, o Messias. Dizia João aos que o procuravam: *"Arrependei-vos, pois que o reino de Deus está próximo"*.

Certa tarde, João Batista e seu grupo estavam batizando em Pela, nas margens do Rio Jordão, quando um homem de elevada estatura, feição suave e olhar sereno, colocou-se na fila para ser batizado como os demais. Alguns dos seguidores de João ficaram magnetizados por esse homem. Um deles, de nome Simão, tocou o cabo da pequena faca que tinha sempre à cintura, temendo ser ele um assassino mandado por Herodes. O irmão de Simão, André e o nobre Felipe da Cesárea trataram de se colocar nas proximidades do gigante, seguindo-o enquanto ele entrava nas águas do rio sagrado. Assim como os demais, esperou ser tocado por João e submergido no rio. Quando ele ficou em pé, João sentiu um poderoso fluxo de energia envolvendo todo o seu corpo e seu coração se agitou, como se fosse um pássaro a querer voar. O olhar dos dois homens se encontrou e João não reconheceu, a princípio, o primo Jesus. Mas viu brilhar sobre Ele a mais intensa Luz que já havia visto. Nesse momento, todos os presentes ouviram, através do fenômeno de voz direta (quando é produzida voz sem garganta e sem indivíduo emissor): *"Este é meu filho amado em quem me comprazo"*. Muitos não entenderam o que foi dito, alguns saíram correndo, outros se colocaram de joelhos. Jesus apenas sorriu, olhando para João, que lhe perguntou, agora reconhecendo-o: *"Você é Jesus, filho de Maria? Você é o Messias que temos esperado?"*. A emoção da voz que clamava no deserto era intensa e ele ameaçou ajoelhar-se aos pés de Jesus, que o impediu, abraçando-o, e se foi, tão silenciosamente quanto chegou. André, Simão e Filipe se aproximaram do ainda emocionado João e lhe perguntaram quem era o gigante. João sorriu e disse: *"É o seu Mestre. Sigam-no. Ele traz a Verdade"*. Nesse momento, sabia aquele que batizava em nome de Deus que a Boa-Nova seria propagada pela Terra, assim como o vento move os grãos de areia no deserto.

As críticas que fazia a Herodes e à corte eram acerbas e a pobreza, em razão dos altos impostos, deixava os judeus prontos para ouvirem contra os governantes e os romanos. João tinha uma capacidade inigualável de falar e seu carisma era imenso. Logo, tinha entre 25 e 30 discípulos que achavam ser ele o Messias. Mas ele nunca alimentou tal conceito. Suas prédicas eram acompanhadas por uma multidão sempre crescente e João passou a ser olhado com medo e ódio por Herodes e seus comparsas. Temendo que a "voz que clamava no deserto" levantasse o povo contra si, Herodes trama sua prisão e morte.

Mesmo para um enviado, a lei da causalidade se faz cumprir. Elias, quando venceu o rei Acabe, no Monte Carmelo, para provar que seu Deus era mais poderoso que o deus Baal, era muito intolerante, ainda que dotado de grande fé, mandou decapitar 450 sacerdotes de Baal, como está descrito em Reis, Livro I, capítulo 18. Assim, gerou para si a possibilidade de passar pelo mesmo suplício e foi decapitado por ordens de Herodes.

Estudando os índigos, podemos entender as características desses seres especiais que podem ser Hittler ou João Batista. Na entrevista feita pelos autores do livro *A Criança Índigo*, Carroll e Tober, a Tappe, as declarações dela são arrasadoras, muito bem analisadas por Richard Simoneti que pode ser lido no site www.geb-portugal.org:

"Todas as crianças que mataram colegas de escola ou os próprios pais e que eu pude contatar eram índigos". Os entrevistadores parecem concordar com ela: *"Interessante. Todas essas crianças que*

matam são índigos? Isso quer dizer que eles tinham uma visão clara de suas missões, mas algo entrou em seu caminho e eles quiseram se livrar do que acharam ser um obstáculo?". Ao que Nancy responde: *"Trata-se de um novo conceito de sobrevivência. Todos nós possuíamos esse pensamento macabro, quando éramos crianças, mas tínhamos medo de pô-lo em prática. Já os índigos não têm esse tipo de medo"*.

Nada poderia ter causado maior estupefação entre aqueles que faziam a apologia desses seres como novos deuses e escárnio entre aqueles que não creem na existência desses espíritos. Contudo, não foi totalmente descuidada ou superficial em sua conclusão.

Percebam que as respostas de Tappe descrevem espíritos extremamente doentes e deficientes quanto ao controle de suas emoções. Francamente, eu nunca tive vontade de matar minha família ou coleguinhas da escola. Você teve?

Então, havia muito mais a ser estudado e discutido por pesquisadores espiritualistas antes de se propagar a deidade desses Espíritos em evolução como os demais inseridos na atual humanidade.

Naturalmente, como em tudo, existe uma gradação na escala evolutiva desses seres especiais que pode ser vista pela cor da aura, indo desde o azul-escuro até o quase violeta. Quanto mais índigo for a cor da aura, mais intensa é a diferença de DNA desse Espírito e mais fortes são suas manifestações. Essas diferenças tangem a desativações e ativações de genes em nível de células perispirituais e isso se estende ao DNA físico, promovendo no psicossoma desse ser, possibilidades bioquímicas exacerbadas. Isso não é sempre útil ou bom. Muitos deles já se manifestaram como índigos há mais de uma encarnação e esse fato gera uma potência maior do poder transformador. Ao mesmo tempo em que a responsabilidade, igualmente, cresce. *"Porque a todo aquele, a quem muito foi dado, muito será pedido, e ao que muito confiaram, mais contas lhe tomarão"*, disse Jesus (Lucas, 12: 47-48).

Mas, se não são seres mais evoluídos, porque lhes cabe tanto poder sobre o meio quando devem lutar para ter algum poder sobre si mesmos? É carma? Posso afirmar que sim, a colheita é compulsiva porque o plantio é livre. Índigos são seres que evoluíram muito do ponto de vista racional, quase abdicando da evolução da inteligência emocional. Detêm o conhecimento cósmico, mas, mentecaptos emocionais que são, perderam-se em vidas superficiais, facilitadas pelo QI superior e a capacidade de manipular o entorno. Buscam demais o prazer que é efêmero e têm grande fascínio pelo poder. Isso os torna perigosamente competitivos. Normalmente, foram seres com poder, que manipularam o meio e usaram desse meio em benefício próprio. Seres que malbarataram a inteligência racional em jogos de promoção pessoal, onde o egoísmo predominava. São seres de grande potencial, contudo. Os que para a Terra voltaram, após estágios em planetas superiores, onde foram preparados para ser as alavancas do progresso terreno, bem como os que aqui estão há várias encarnações, são seres que optaram pela luta redentora, através do servir ao Bem Maior. Mas a dura materialidade planetária e a perda da referência famíliar torna-lhes a missão bem mais difícil. Entretanto, significativo número de índigos tem triunfado em suas missões e a história da atual raça humana é a prova.

Analisando os índigos pelas inteligências, sabemos que eles são acima da média em inteligência racional, apenas medianos em inteligência emocional e a inteligência espiritual é ambígua porque sabem da existência da Fonte Criadora, mas jamais se entregam em Suas mãos ou nela creem sem contra-argumentação, e é aqui que reside o grande entrave ao desenvolvimento de suas missões de transformar o meio: os índigos têm muita dificuldade para confiar, quer seja em si mesmos, quer seja na Fonte Criadora, quer seja nos demais. Essa desconfiança nasce do medo, acentuado, que os índigos alimentam, alguns até de modo patológico, chegando a viver com síndrome do pânico. O pior inimigo de um índigo é seu medo e a agressividade, quer seja física, quer seja mental, via de regra, é a ferramenta que o índigo escolhe para se proteger.

Então, é claro que os índigos não são espíritos mais evoluídos que a média da atual humanidade, mas são possuidores de uma energia intrínseca enorme, e isso lhes confere um poder transformador imenso. Poder este tanto interno quanto externo. Se sabem usá-lo já é outra história.

Esses transformadores naturais são pessoas que sempre se destacam em seu meio, seu carisma não lhes permite passar despercebidos.

A grande maioria é líder nata, sendo facilmente seguida por seus pares, a quem influencia e manipula, mesmo sem perceber que o faz. É importante ressaltar que muitos deles não percebem que são diferentes e, por isso, ignoram o poder que têm. Todavia, isso não os exime de responsabilidades. A presença de um índigo sempre gera consequências ao meio onde ele está. É muito difícil que se seja neutro em relação a eles.

A matemática ensina que a menor distância entre dois pontos é sempre uma linha reta. Isso jamais será verdade para o índigo. Com uma capacidade incrível de resolver grandes problemas porque os veem, mentalmente, de fora, estes seres conseguem complicar coisas muito simples porque a mente deles é extremamente criativa. Verdade do ponto de vista racional, ainda mais verdade do ponto de vista emocional. Se não acredita, dê um sachê de qualquer coisa para um índigo e peça que ele o abra. Normalmente, a embalagem acaba destruída e as mãos sujas com o conteúdo. Mas apresente um problema de logística e, rapidamente, ele terá a solução mais fácil e coerente. Isso se deve a dois aspectos básicos: primeiro, o índigo, diante de um problema complexo se sente desafiado e, por ser competitivo, busca a solução. Segundo, problemas racionais são vistos de fora para dentro ou de cima para baixo. Isso lhes permite analisar o entorno de modo simples. Índigos tendem a simplificar muito as equações de lógica e pensam tão rápido que os demais lhes parecem de baixo QI ou lentos demais para serem considerados e ouvidos. Normalmente, os índigos entendem o discurso do outro nas primeiras palavras e a paciência não lhes é característica. Assim, tornam-se pessoas reconhecidas como impacientes e agressivas no falar. Na verdade, apenas não conseguem compreender que as inteligências são múltiplas e que todos são mestres e alunos.

A alta performance em resolubilidade lhes confere, com o tempo, uma enorme confiança em sua capacidade mental e eles acabam por se desinteressar pelas opiniões alheias, já que, como pontuei antes, têm imensa dificuldade de confiar nos demais, uma vez que nem em si mesmos confiam.

Do ponto de vista da vida diária, os índigos são de extremos. Ou se tornam gênios financeiros ou, mais frequentemente, são terríveis administradores do próprio dinheiro, ainda que sejam ótimos administradores de bens alheios. Por serem Espíritos mais voltados ao prazer que à satisfação, tornam-se grandes consumistas, embora apreciem muito mais dar do que receber presentes, por exemplo. O orgulho agigantado pelo medo, com a finalidade de proteger o ego, torna os índigos amigos atenciosos e rigorosos, pais e mães que sempre chegam em casa com algum regalo para os filhos e, em contrapartida, não têm flexibilidade para entender as deficiências alheias, exigindo uma perfeição que eles mesmos não têm. Aliás, tudo é perfeito desde que a última palavra seja deles. Tão absolutamente humanos são, não é mesmo?

A liderança que lhes é um dom natural, normalmente não exerce pressão sobre eles. Nada é capaz de pressionar um índigo mais do que ele mesmo. Eles agem por instinto e, sem o filtro do pré-frontal, cometem enganos e injustiças, ainda que sejam justos por natureza. O problema é que não pensam antes de falar. E justamente essa característica torna-os excelentes ou péssimos superiores, porque índigos são, via de regra, perfeccionistas. A relação com os superiores, pais, professores ou patrões tende a ser tensa porque o índigo não aceita respostas simplistas do tipo: *"porque sim", "porque não", "porque estou dizendo que é assim"*. Ele quer respostas claras e objetivas, precisa ser convencido de que aquele é o melhor caminho. Quando aceita a conclusão do outro, se torna aliado. Quando não, cria o tumulto. Isso o torna pessoa muito teimosa. Devemos nos lembrar de que a principal carência emocional desses seres é o medo que ativa, demasiadamente, suas amígdalas e seu hipocampo, levando a uma reação raramente moderada pelos lobos frontais. Em uma situação de conflito, o índigo tende a ser o vulcão que explode. Sua rapidez mental e liderança lhes permitem atingir o outro em seus pontos vulneráveis. Dependendo do grau de evolução moral dele, o arrependimento vem tão rápido quanto a zanga e ele se culpa, intensamente. Se for maduro o suficiente, é capaz de pedir perdão, reconhecendo o erro, mas apontando os erros do outro. Se não tiver a expansão de consciência necessária para esse nobre gesto, tende a esquecer de tudo, não guardando mágoas visíveis, mas o alerta amigdaliano permanecerá ativo com relação àquela pessoa. Os índigos querem ser ouvidos, compreendidos e aceitos, embora tenham dificuldade para ouvir, compreender e aceitar. Mas, naturalmente, essas virtudes dependem do grau de evolução de cada Espírito e faltam na esmagadora maioria da atual humanidade. Não fosse por afinidade, nenhum de nós estaria neste planeta, nesse momento de transição.

Em razão do complexo fluxo de energias mento-emocionais, o índigo é retraído por natureza. Tem facilidade para fazer amigos, mas dificuldade para mantê-los. Tende a ser tímido, mas esconde isso com facilidade, se necessitar. Quando encontramos uma criança índigo, ela nos olha nos olhos e se mantém arredia. Precisa-se ganhar sua confiança e o índigo não se "troca" por um agrado qualquer. A criança é capaz de manter o olhar no interlocutor por longo tempo, enquanto analisa suas intenções. Não sorri e chega a vincar a testa em sua observação do desconhecido. Nunca se deve menosprezar uma criança índigo. Dificilmente se conseguirá sua amizade se o fizer. Na vida adulta, os índigos tendem a apreciar a solidão, procurando preservar seu ego.

No meio de outras crianças, a índigo se destacará pela destreza motora, pelas ordens e comandos. Não tendem a ser egoístas, mas têm grande apego ao que é seu. Não aceitam ficar em fila, sentadas por horas nas classes de aula, repetir movimentos sem ver neles uma razão, como nas aulas de educação física. Amam fazer a atividade em que se destacam, mas perdem facilmente o interesse quando não são mais desafiados por ela. Ou seja, o novo os atrai intensamente. São capazes de deixar uma zona de conforto pelo desconhecido. Apesar disso, índigos tendem a ser parceiros fiéis. Alguns são muito ciumentos, obsessivos, possessivos. A agressividade já citada pode ter consequências sérias. Mas, naturalmente, depende do grau de evolução e consciência expandida de cada ser. Digamos assim, um índigo de primeira viagem é muito mais deficiente emocional do que aquele prestes a se tornar um cristal.

Outra característica que proporciona ao índigo uma ferramenta essencial é o desenvolvimento superior de seu hemisfério cerebral direito e a velocidade das comunicações entre este e o esquerdo. Como se sabe, o hemisfério cerebral esquerdo é lógico, matemático, linguístico, operacional, enquanto o direito é criativo, intuitivo, inovador, sonhador. Com isso, os índigos são muito criativos e, basicamente, intuitivos. Se seguem ou não suas intuições é outra história. Uma criatividade elevada os torna, potencialmente, bons nas artes de qualquer origem e, ainda, bons oradores, argumentadores, inquisidores. Seu verbo é dinâmico e acalorado. É capaz de induzir pessoas a estados de êxtase ou fúria.

Índigos gostam de atividades ao ar livre. Costumam respeitar a natureza, principalmente os animais, de quem tendem a se tornar defensores e protetores. As crianças índigo se beneficiam muito, emocionalmente, se crescem com animais de estimação que possam tocar e trocar carinho. Alguns nascem já escolhendo o vegetarianismo, mas são raros. A aura destes costuma ser da tonalidade mais intensa da cor índigo. E são extremamente mentais e objetivos, nunca deixando para amanhã o que podem dizer hoje e se sentem não apenas donos da verdade, mas com o direito de censurar aos demais. Obviamente, fazem isso baseados na certeza de que são perfeitos. A idade interfere muito pouco no comportamento do índigo.

Características de duas diferentes patologias estão presentes nos índigos e tornaram-se símbolo desses seres especiais: Transtorno do Déficit de Atenção com Hiperatividade (TDAH) ou, simplesmente, DDA (Doença do Déficit de Atenção) e Dislexia. Devemos perceber aqui uma diferença de peso, pois eles têm características dessas patologias, mas não as mesmas, na maioria das vezes. Na vida real, sempre e nunca inexistem.

O distúrbio da atenção é claramente visível. O índigo é um multifacetado, incapaz de realizar apenas uma atividade por vez. É o típico aluno que só estuda vendo televisão ou é capaz de conversar e escrever ao mesmo tempo. Imagine-se conversando com uma pessoa com TDAH. Os olhos dela se fixam em você por curtos períodos e tudo é suficiente para abstrair-lhe a atenção. Uma criança na sala de aula que olha a professora e vê uma mosca voar, fixando nela o olhar e a atenção até que algum coleguinha deixa cair o lápis, o que lhe atrai a atenção.

A TDAH é uma doença, oficialmente, reconhecida em diversos países e pela própria OMS (Organização Mundial de Saúde), sendo definida como patologia genética que persistirá por toda a vida do indivíduo. Nos Estados Unidos e em outros poucos países, já existem leis que protegem as crianças portadoras de TDAH, nas escolas, pois elas necessitam de atenção especial, reconhecendo-lhes o QI superior à média dos alunos da mesma idade e, portanto, capacidade para aprender. Assunto polêmico, já que muitos negam a existência dessa doença, foi motivo de um consenso internacional, feito por médicos e psicólogos de vários países e linhas científicas. Caracteriza-se, possivelmente, por alterações dos neurotransmissores dopamina e noradrenalina, alterando o funcionamento correto do lobo frontal e suas conexões límbicas. Envolvimento do meio ambiente, escolaridade paterna, presença dos pais na família, estado social, nicotina, bebidas e drogas não parecem fatores desencadeantes da doença, mas filhos ou netos de pessoas com TDAH apresentam-se com a mesma, confirmando a causa genética. E sabemos, de fato, que o mapa genético dos índigos é alterado. O tratamento medicamentoso é muito combatido porque torna os hiperativos dóceis comandáveis. Obviamente, isso oblitera o fluxo energético espiritual e as conexões com as outras dimensões. Sobretudo, chegam a reduzir, significativamente, a função anímica da glândula pineal, obliterando a comunicação interdimensional dessas crianças. Espiritualmente falando, existem métodos energéticos que podem ajudar muito essas pessoas a viverem sem a excitabilidade tão elevada. Mas existem casos em que o tratamento medicamentoso é a única via de reduzir o desespero que esses Espíritos sentem com as manifestações da patologia.

É preciso que se diga que a hiperatividade do índigo é bem diferente daquela que pode estar presente nos cristais. Uma criança hiperativa índigo é agitada, teimosa, briguenta, chorona, agressiva. Pode quebrar a televisão da família se não for atendida em suas exigências. Costuma vencer os pais pelo cansaço. Manipula a família, desune os pais, torna a vida da família um estado permanente de tensão. Na adolescência, a hiperatividade mal canalizada, normalmente, termina na dependência química. Mas se a criança for educada com princípios de disciplina e respeito ao direito alheio, dentro de ensinamentos cristãos e aprendizado no trabalho ativo da caridade, a hiperatividade é domada e a energia criativa emerge clara e lúcida, proporcionando ao índigo o cumprimento da meta de ser uma agente de transformação do meio que o cerca.

Quanto à dislexia, doença que provoca troca de letras ou números, de palavras, tem seu diagnóstico facilitado se for multidisciplinar, incluindo médico, fonoaudiólogo, psicólogo. Outra patologia de origem genética, a dislexia se caracteriza pela dificuldade de se identificar quer seja o som, quer seja a forma de uma letra ou número. Por exemplo, o disléxico troca o "b" pelo "d", vê imagens em espelho, troca o 5 pelo 2, etc. Lourdes, Luzia sempre se confundem. Os sintomas são mais facilmente percebidos na fase de alfabetização, desde que se preste atenção à criança e, na presença de dificuldade de aprendizado, não se rotule a mesma de incapaz. Einstein foi péssimo aluno de matemática porque era disléxico. Quando aprendeu a domar a mente, deixou vir à tona a genialidade que tinha. Eu sou muito disléxica e quanto mais cansada ou tensa estou, mais as letras se embaralham em minha mente. Para conseguir palestrar, tenho de me concentrar muito ou acabo cometendo deslizes ridículos. Tinha dislexia quanto ao "b" e "d" e com 5 e 2. Minha querida tia Cema passava horas me ajudando a treinar a mente para entender o que lia e ajustar o pensamento. Deu certo, felizmente. Imaginem se não, este livro seria uma confusão e provavelmente nem chegasse a existir.

Existem diferentes categorias de dislexia. A mais comum é a dificuldade para ler, escrever e soletrar. Muitos disléxicos trocam letras, invertem a posição das mesmas nas palavras ou omitem ou acrescentam letras. Mas outra muito frequente é a dificuldade de entender um texto, e não somente pelo mau ensino dado aos alunos, mas porque as palavras somadas não conseguem construir um sentido em nível cerebral. Isso não significa pouco QI, mas inaptidão de analisar o conjunto de significados. Mais raros, mas muito difíceis de ser trabalhados, são os distúrbios de identificação de fonemas, associá-los a letras e reconhecer rimas ou para decorar a tabuada, reconhecendo os símbolos matemáticos e seus conceitos. Minha mãe e eu temos outro tipo de dislexia que é preocupante, confundimos direita com esquerda. Margarete Áquila quando está dirigindo, tendo uma de nós duas como navegadora, guia-se pelo gestual mais do que pelo lado que damos, porque dizemos: *"vire à esquerda"*, acenando com a mão direita que é o caminho certo a seguir. Ou a luta diária de escrever datas em documentos se raramente sabe-se em que ano ou mês se está. A vida de um disléxico é muito agitada e demanda muito treino para se viver como os demais, além de concentração, o que no caso dos índigos é artigo escasso.

O grande problema a ser resolvido pelos índigo é conter sua instabilidade emocional, porque são verdadeiros vulcões, sendo melindrosos e generosos, comandantes e subservientes, meigos e cruéis, geniais ou obtusos. Mas podem fazer toda a diferença.

Citei dois índigos muito famosos: Adolf Hitler e Albert Schweitzer. De comum, não apenas a nacionalidade, mas as ações realizadas que alteraram a vida de milhões de pessoas. Nada precisamos falar das ações de Hitler. Infelizmente, mais uma vez, notabilizou-se pelo mal extremo que praticou.

Albert Schweitzer, por outro lado, deixou sua marca de grande humanista, acudindo aos mais necessitados, ainda que jamais tenha experimentado a rudeza da vida em sua infância ou adolescência, já que, nascido em Kaysersberg, em janeiro de 1875, foi descendente de uma linhagem de importantes políticos locais da Alsácia, quando ainda pertencia ao império alemão, e primo do filósofo Jean-Paul Sartre. Formou-se em teologia e filosofia pela Universidade de Estrasburgo, sendo nomeado professor. Nessa época, já era conhecido como um dos principais intérpretes de Bach e exímio construtor de órgãos. Cristão de profunda fé, aos 30 anos já era famoso como pastor de sua igreja, músico e professor de uma das mais renomadas universidades europeias. Mas algo lhe faltava.

Foi quando descobriu a situação das colônias francesas na África. Uma dor profunda instalou-se em seu coração, por saber de tantos a morrer por absoluta falta de recursos médicos e sociais. Decidiu tornar-se médico, iniciando seus estudos em 1905. Seis anos depois casou-se e seguiu para Lambaréné, no Gabão, onde encontrou posição de clínico numa missão extremamente carente. Lá chegando, Albert nada encontrou de recursos para trabalhar. Agindo no mais puro impulso índigo, fez o consultório em um galinheiro e passou ao exercício da medicina, enfrentado toda uma série de dificuldades: idioma que não compreendia, falta total de higiene, falta de medicamentos, falta de instrumental, clima hostil. Nada abalava a determinação daquele homem que seria feliz apenas sendo útil. Atendia mais de 40 pacientes por dia e, depois, ensinava o evangelho, adaptando-o ao cotidiano daqueles irmãos que padeciam de fome, sede e respeito. Albert usava os exemplos da natureza para levar ao povo sofrido o conhecimento da lei da fraternidade que ele vivia de forma plena.

No princípio da Primeira Guerra Mundial, ele e a família são levados para a França como prisioneiros de guerra. É quando Albert começa a escrever sobre decadência da civilização. Com o final da guerra, Albert retorna ao Gabão e diz: *"Começaremos novamente. Devemos dirigir nosso olhar para a humanidade".*

Experimentado, passou a proferir muitas palestras na Europa para conseguir fundos para sua missão no Gabão, tornando-se famoso por seu conhecimento e carisma. Após sete anos afastado da obra de sua vida, Albert consegue voltar para Lamberéné, mas vai acompanhado por médicos e enfermeiras dispostos a fazer a diferença. Um hospital é montado em uma área mais adequada, com auxílio de pessoas especializadas. Albert, então, dedica a maior parte de seu tempo escrevendo livros cuja renda é do hospital. Em 1952, é laureado com o Prêmio Nobel da Paz. Quando desencarna, em 4 de setembro de1965, junto de seus filhos de Lamberéné, deixa mais do que um hospital para os desvalidos. Deixa o forte exemplo de que fora da fraternidade não há salvação.

Como podemos constatar, nada fica igual depois de um índigo passar.

Há um aspecto que devemos analisar com atenção, porque seu conhecimento pode ser extremamente útil a esses seres especiais. Em razão da inteligência espiritual mais desenvolvida, os índigos têm o campo mediúnico ou paranormal expandido. Tendem a ser bons médiuns, principalmente de cura. O arranjo de cristais de apatita de suas pineais é mais harmônico e a ressonância de ondas no principal órgão anímico gera campos energéticos muito úteis à geração do conjunto mediúnico, facilitando todas as formas de mediunidade. Se assumem a missão mediúnica, destacam-se pela seriedade e capacidade. Mas, também, tendem a se sentir não reconhecidos pelo trabalho realizado, cansados ou esgotados, e podem abandonar a missão espiritual, embora tenham certeza de que têm no trabalho mediúnico, uma oportunidade única de se redimirem dos erros antigos.

Humanistas, artísticos, conceptualistas e catalisadores. Francamente, considero essa uma didática, mas não tão realista porque, ao convivermos com índigos, percebemos que eles podem ser muitas coisas, exceto convencionais e previsíveis. Vamos acompanhar a classificação de Nancy:

HUMANISTAS: UM MUNDO, UM POVO

Na opinião de Tappe, os humanistas são índigos que vieram para globalizar a humanidade, através da tecnologia e das comunicações. Trazem novas visões sobre as relações humanas. São o tipo mais frequente de índigos. São de caráter social e podem falar com qualquer um, sobre qualquer coisa, pois estar com pessoas é que lhes atrai e fortalece. São fisicamente fortes, informais e bons comunicadores. De boa natureza, gostam de brincar com os demais.

ARTÍSTICOS: ARTE PARA A LIBERDADE

Os artísticos levam a arte para todas as áreas, não apenas no campo das mesmas. Já estão começando a criar os clássicos do futuro. São multitalentosos, destacando-se em diversos campos das artes. Muito conectados com a espiritualidade, parecem buscar sua inspiração no cosmo. Nascem prontos, não necessitando estudar porque parecem intuir seu campo de manifestação artística. Mas esses são os índigos que precisam de maior aplicação de disciplina. Amam ser o centro da atenção.

CONCEPTUALISTAS: FÁBRICA DE IDEIAS

São os pensadores, cuja missão é trazer novos conceitos em tecnologia. São retraídos, gostam de estar sozinhos porque isso os mantém no controle da situação. Tendem a gostar muito de jogos eletrônicos. Amam a disciplina e a organização.

CATALISADORES: OS VISIONÁRIOS

Têm a missão de trazer novos paradigmas, filosofias e religiões. São filantropos por excelência e aderem a causas sociais por necessitarem delas para que a vida tenha sentido. São analisados como excêntricos e demonstram grande prazer em aprender sobre tudo. No entender de Tappe, são o menor percentual dentro das quatro classificações.

Em minha experiência, os índigos costumam ter características dos quatro tipos descritos. Vieram, de fato, promover transformações na sociedade, combatendo os arcaicos paradigmas e instituições que nos atrelam ao *status quo* falido em que vivemos. Vejo os índigos como aqueles equilibristas de pratos, vistos nos circos de antigamente. Lembram? Eles rodavam pratos na ponta de uma varinha e os colocavam em uma mesa, enfileirando. Iam e vinham correndo, colocando novos pratos, fazendo rodar os primeiros para que não caíssem no chão.

Os índigos nascidos a partir da década de 1980 em grande número, em todos os países, continentes e culturas, deveriam ter preparado a sociedade para as mudanças que a curariam. Tinham o potencial para promover isso. Tinham a força centrífuga de seus quanta energéticos para ir contra tudo e mostrar que poderíamos viver de modo menos materializado, mais fraterno. Vinham para preparar o caminho para os cristais que seriam a redenção planetária. Enquanto isso, corrigiriam as arestas emocionais que tinham, amadureceriam, evoluiriam muito. Redentora missão.

Em grande parte, falharam, até agora. A desestruturação das famílias é a origem principal do fracasso, como abordaremos adiante.

Contudo, continuam nascendo. Por quê?

Porque estamos em pleno período de mudanças drásticas e, pela lei da afinidade que rege este universo, ninguém entende tanto de mudanças quanto eles.

Podem estar chocados os que creem que os índigos são anjos de Deus enviados, superiores, iluminados. Como índigo e estudando índigos há tantos anos, garanto que não são. Todavia, são a força motriz por trás de quase todas as transformações que já ocorreram nesta era atual da quinta raça humana, boas ou más. A evolução tecnológica brilhante que tivemos, o progresso de leis, da ciência, de quebra de paradigmas arcaicos têm a mão dos índigos e o salto quântico do planeta será dado juntamente com parte da atual humanidade, encarnada ou desencarnada, em muito pela luta de índigos que fizeram valer a oportunidade recebida.

Como para tudo e para todos, sempre é uma questão de escolha.

Capítulo 7

Cristais

Não se pode segurar a Luz!

Com essa certeza, Espíritos com maior grau de consciência começaram a reencarnar na Terra, em número progressivo a partir do ano 1992, atingindo o pico de reencarne a partir de 2000, provenientes das Plêiades e de Órion, principalmente. Espíritos com ou sem passagens anteriores pela Terra, mas determinados a impulsionar a própria evolução, servindo a uma humanidade em declínio moral, em um planeta que está prestes a dar seu salto quântico. Espíritos em trajetória evolutiva longe da perfeição, mas com grau superior de consciência e compreensão da lei da fraternidade. Porque sua aura tem um aspecto cristalino, passaram a ser chamados de crianças cristais.

No ano passado, comecei a ter um contato maior com bebês e passei a ter experiências incríveis com esses seres iluminados que estão nascendo em todos os continentes, todas as culturas, todas as classes sociais, todas as raças. E nascem em percentual significativo, justamente nas classes menos favorecidas socialmente, porque são a mudança que trará igualdade, fraternidade e liberdade, enfim, para o planeta Terra. Essa transformação se dará de dentro para fora, de baixo para cima. Ninguém pode segurar a Luz. Os guetos de sofrimento estão recebendo poderosos aliados que deverão vencer os paradigmas atuais para promoverem as mudanças que são necessárias.

Sempre nasceram cristais na Terra. Buda, Hermes Trimegisto, Maria e o grande Mestre Jesus de Nazaré são os exemplos maiores dos cristais das eras anteriores da atual raça humana. Mas podemos citar Bezerra de Menezes, Chico Xavier, Madre Tereza de Calcutá, Irmã Dulce da Bahia, Mahatma Gandhi, Satya Sai Baba como exemplos maravilhosos desses seres especiais entre nós.

Ao contrário dos índigos, os cristais já têm consciência expandida no autoconhecimento, o que os dota de uma segurança muito necessária e escassa nos índigos. Estes são chamados de "os guerreiros" porque são a força-tarefa, a linha de frente da imensa luta para transformar os rumos dessa desvairada humanidade. Os cristais são chamados de "os pacificadores" porque vêm para acalmar a tempestade emocional, a desordem mental, a escravidão da materialidade que é a terceira dimensão, estabelecendo as bases de uma Nova Terra sustentada por uma Nova Humanidade.

Escolhendo Jesus de Nazaré como exemplo máximo dos seres cristais, percebemos que a consciência desperta vem desde os primeiros dias. Se Jesus nasceu em um estábulo ou em uma estalagem, pouco importa, porque o notável do momento foram as energias envolvidas com sua chegada. Energias de altas hierarquias espirituais desta galáxia, da Terra e de outros planetas que se somaram para que fosse possível a um Sol ocupar um pequeno corpo físico, formado por engenharia genética e implantado no útero da virgem cristal Maria.

A desproporção entre o pequeno corpo materno e o avantajado bebê seria um obstáculo intransponível, mas nada pode parar a Luz. Nascido o bebê, aconchegado ao coração da mãe que tanto sofrera durante sua gestação, pelas inúmeras tentativas trevosas para que a Grande Estrela, como os essênios O chamavam, não conseguisse nascer, envolve-se o ambiente com celestial luminosidade e calor, colore-se tudo com tons suaves e aconchegantes, podem alguns dizer que ouviram o cantar de anjos, naquele momento em que o Amor Maior se manifestou na Terra. Jesus, recém-nascido de olhos abertos, olha nos olhos de Maria detidamente, como se quisesse agradecer à grande companheira cósmica por todo o zelo recebido. O olhar do bebê parecia falar e a emoção dos que o viam calava as palavras nos lábios que se abriam em terno sorriso. Dizem que a emoção era de plenitude e felicidade. Logo, o bebê tornou-se conhecido em Belém, e amigos de amigos que abrigaram a família faziam verdadeira procissão para ver e ser vistos por Jesus. Alguns, creiam, juravam que ele falara com eles em pensamento. O tempo passa rápido demais quando a gente está feliz. Logo, o "garoto que brilhava", como diziam os essênios, já tinha 5 anos e encantava os pais e familiares pela graça, pela inteligência e porque suas mãos, de dedos longos e afilados, eram ótimas para tirar a dor, secar lágrimas, amparar solitários e doentes. Jesus gostava de ir à fonte de Nazaré, onde o movimento era contínuo, já que a pequena cidade era um centro de comércio. Ali, Jesus ouvia e aprendia, mas falava e, com perguntas inocentes, quanto ensinava aos que tinham olhos de ver e ouvidos de ouvir. Maria nunca se apartava do filho mais que segundos, mais que centímetros, e quando o olhar de ambos se encontrava, meu Deus, quantas estrelas se faziam ver. As colocações do menino eram temidas, não pela ironia ou agressividade, jamais presentes n'Ele, mas pelas verdades honestas que faziam o difícil convite de entrar dentro de si mesmos e perceber os erros que existiam.

Dono de beleza física, Jesus destacava-se dos demais meninos de sua geração, pela altura, pelo porte, pela beleza do olhar. Olhos magnéticos, sorrisos inebriantes. Mas eram suas ideias de igualdade e fraternidade que mais o destacavam, mais encantavam e mais faziam o terror se insinuar nos corações daqueles que não queriam a mudança do *status quo*. Na escola da sinagoga, Jesus era um tormento com suas perguntas que não tinham respostas. Em casa, Jesus era um alento, sempre atento com os pais e irmãos. Entre os essênios, Jesus brilhava mais porque tinha ressonância maior com aqueles homens e mulheres já em processo de libertação das ilusões da terceira dimensão. Mas há que se dizer, ainda que a minoria o entendesse de fato, as sementes plantadas naquelas almas férteis geraram os cristais que hoje retornam. O que mais havia, em torno d'Ele, era um encantamento que surgia do imenso campo vibratório do maior ser que já pisou neste planeta.

Após o batismo, quando iniciou sua missão, Jesus mantinha no olhar um sorriso que, mesmo quando tudo era contrário e pesado, mesmo quando a chuva era torrencial nas almas que o cercavam, até mesmo quando foi, covardemente, supliciado, esse olhar não o abandonou porque Jesus de Nazaré, o Cristo planetário e galáctico, sabia como proteger seus sentimentos da turba ensandecida que o cercava. Ciente de quem era, do que era e do que tinha que fazer, o Mestre fortalecia seu interior, não permitindo que o exterior o molestasse. Seus sentimentos sublimados, apoiados na misericórdia e na gratidão, eram uma muralha intransponível para os anães da Terra, encarnados e desencarnados.

Saber quem somos, o que se devemos fazer e que, sobretudo, só temos poder sobre nós mesmos é que torna um cristal poderoso e capaz de cumprir sua missão. Mas o que os diferencia dos demais humanos são a misericórdia e a gratidão, sentimentos de tamanha energia que podem transmutar o interior e, por consequência, o exterior. Como disse Gandhi: *"Você tem que ser o espelho da mudança que está propondo. Se eu quero modificar o mundo, tenho que começar por mim"*.

Os cristais caracterizam-se por terem seus corpos multidimensionais mais alinhados e, portanto, mais harmônicos. Assim, seus genes podem trabalhar sem desativações energéticas. Mais saúde, mais clareza mental, neurotransmissores mais perfeitos, amígdalas e hipocampo menos excitáveis. Mas são menos robustos que os índigos. Tendem a ser mais longilíneos e as doenças respiratórias os assolam na primeira infância. Alergia é uma companheira constante dos cristais e dos índigos.

Ressalvo que são superiores em comparação com os humanos normais e os índigos, mas ainda são Espíritos em evolução, carentes de aprendizados, necessitados de expiações e provas. Uma grande e fundamental diferença, porém: não acreditam que a dor seja o caminho. Preferem o amor.

O medo existe em seus corações, mas é um medo menor, mais contido, mais compreendido. Conhecem sua própria sombra, onde estão cristalizadas nossas arestas morais. Em vez de colocarem a sombra dentro de um armário, permitem que esteja "visível" para poderem trabalhar com ela e a curar. O caminho do autoconhecimento passa, obrigatoriamente, pela aceitação de quem somos e a certeza de que podemos mudar. Gostam de ser perfeitos, mas sabem que não são ainda. Isso fica nítido quando vemos a performance artística de um deles. Temos, hoje, uma proliferação de crianças talentosas nas artes. Quando um índigo se apresenta, ele demonstra grande ansiedade e medo de falhar, de não ser aprovado. Quando um cristal o faz, seu olhar é sério mas tranquilo, ele não demonstra medo de falhar porque ele quer, sobretudo, se divertir e divertir com o talento que tem. Falhar ou bem suceder fazem parte do crescer.

Fisicamente, os cristais diferem-se pelo olhar, assim como Jesus. Olham nos olhos, acolhem quem com eles contata, sorriem, aceitam, trazem para a intimidade, diferenciando-se, assim, imensamente dos índigos, que são retraídos. Os cristais podem ser reconhecidos pelos olhos.

Comunicam-se por telepatia com meses de vida, expressam-se muito facilmente pelo olhar. Essa comunicação não é verbal, mas emocional. Normalmente, as mães e os pais presentes são os primeiros a ser contatados, ainda que não o percebam. Mas observando mães e bebês cristais, vemos interessantes conversas, onde a mãe dialoga, espera resposta e o bebê se comunica claramente. Em minha alegre experiência de convívio com esses bebês, procuro de imediato o contato visual e, mentalmente, dou-lhes boas-vindas. Sorrio sem perder o contato visual e recebo de volta sorrisos de bebês com um mês. Eles adoram ser tocados na região do chacra coronário e, quando converso com eles, as expressões faciais são de quem está entendendo o que eu falo. Mas o melhor é a sensação de alegria que se tem ao estar perto dessas crianças. As mães sempre relatam o mesmo quadro: só choram quando estão com fome ou necessitados de troca de fralda. São sempre descritos como *"bonzinhos porque não dão trabalho"*.

O desenvolvimento neuropsicomotor é bastante diferenciado em relação às demais crianças. Além das reações explicadas no capítulo 1, a capacidade telepática os distingue, ao lado de outro fator importante: o controle emocional. A capacidade de controle motor é surpreendente, o que os habilita a serem bons atletas. A criança cristal é hiperativa, mas, tranquila, não faz cenas, acata os mais velhos desde que creia neles. Não é destrutiva, gosta de atividades ao ar livre e eletrônicas porque desafios a interessam. Compartilha seus pensamentos e faz colocações muito adequadas sobre a vida com os adultos que a rodeiam. Tende, sim, a manipulá-los. As meninas comandam os pais e os meninos, as mães. Gostam de mamar até os 2 anos, mas alimentam-se bem. A maioria deles é avessa a ingerir carnes. Infelizmente, nossa cultura coloca o consumo de irmãos animais como condição *sine qua non* para se ter saúde, o que não é real. Mas as famílias preocupam-se com os pequenos e insistem em fazê-los comer animais. Alguns se rebelam e recusam, sendo levados aos pediatras para exames. Outros acatam e, quando começam a mandar em si mesmos, lá pelos 5 anos, deixam de aceitar o hábito que lhes é uma violência. A carne embota a pineal e o lobo temporal direito.

É importante que se explique, aqui, o malefício da ingestão de animais que são engordados artificialmente, recebem elevadas taxas de hormônios e outras substâncias e, ao serem levados para o abate, pressentem a dor porque o olfato lhes é excepcionalmente desenvolvido, em comparação com o nosso. Isso dispara a síntese de neurotransmissores altamente tóxicos, responsáveis pela emoção medo, como noradrenalina e outros que impregnam os tecidos do animal e são, consequentemente, absorvidos por quem o comer. Essas substâncias são oxidantes e causam, sim, riscos de doenças. Em nível físico, são problema. Em nível espiritual são ainda piores, mormente para quem for médium, porque implicará a produção de ectoplasma de baixa qualidade e que, dificilmente, poderá ser utilizada por Espíritos Superiores, em processos de cura.

Os cristais têm elevado sentimento de proteção à natureza e costumam falar muito das descobertas escolares que fazem sobre nosso planeta. Assim como os índigos, não aceitam respostas prontas e dialogam sobre isso. Costumam ganhar pela insistência. São agregadores natos e vivem cercados de amigos, aos quais são fiéis e protetores. A escolha de se comer ou não irmãos é pessoal e deve ser respeitada sem preconceitos de qualquer dos lados. Tempo haverá em que os hominais compreenderão a alma dos animais e não mais os seviciarão. E para quem crê que a carne é essencial, apenas recordo que os budistas não a comem e nem por isso são seres doentios. As verduras escuras e os legumes vermelhos e laranjas são bons substitutos ao que as carnes fornecem, sem a dor de ser esquartejado vivo. Além destes, os cogumelos são ótimas fontes de substratos de proteínas.

São seres alegres, ativos ao extremo, falantes, com gesto largos e sorrisos cativantes. Contudo, dependem, sim, do meio em que crescem para manter esse grau mais abrangente de conhecimento, porque a materialidade, que é cruel com os índigos, pode ser limitadora com os cristais.

De grande sensibilidade, são capazes de ler as emoções dos outros, especialmente daqueles com quem convivem. Tornam-se bons conselheiros e melhor ainda consoladores. Tendem a ver o lado bom de tudo, ou seja, olhando para um copo com água pela metade, dizem que o copo está meio cheio, enquanto os índigos dizem que está meio vazio. Vivem no presente. Não costumam guardar mágoas, mas preferem manter distância de quem os magoa ou deles difere na maneira de ser. As faculdades mediúnicas afloram cedo, mas eles são rebeldes em relação a religiões. Assim como os índigos, se desde pequenos são levados a locais religiosos, demonstram grande prazer em ir na casa de Jesus ou de Deus em qualquer um de Seus nomes. Na adolescência, rechaçam qualquer vínculo com dogmas, tornando-se refratários e até mesmo descrentes. Na idade adulta, encontram a própria igreja interior. Se abraçam a missão mediúnica, tornam-se grandes médiuns e dirigentes espíritas. Diferem dos índigos que, tendo faculdades mediúnicas acima da média, são dirigentes duros e exigentes, pouco compreendendo que as limitações estão em todos nós. Têm facilidade para acessar os arquivos akáshicos. Os cristais são ótimos líderes e são seguidos não apenas pelo carisma mas, sobretudo, pelas realizações que fazem. Creem, profundamente, que ser feliz é ser útil.

Muitos deles sentem que estão longe de casa. Sentem saudade e não sabem do quê. Passam tempos olhando o céu, como se buscassem algum sinal. A ufologia lhes é assunto de interesse particular e, assim como os índigos, acham tola a crença de que estamos sós neste universo imenso. Mas, ao contrário dos índigos, não discutem seu ponto de vista. Sorriem e deixam passar.

Os cristais deveriam ser professores, médicos, terapeutas mentais, veterinários, porque são bondosos por natureza. Mas seja lá o que se tornarem, serão excelentes profissionais porque só fazem o que gostam. Graças à elevada autoestima, são pessoas confiantes que vencem os obstáculos, não se deixando abater pelas dificuldades do caminho. Amam estudar, principalmente ciências de ponta. Mas é nas artes que essas crianças encontram o bálsamo para viver aqui. Principalmente com a música clássica, seus corações bailam como gotas de chuva a criar arco-íris no céu. Na infância, sonham ser astronautas, bombeiros, atletas olímpicos, cantores, musicistas, como qualquer criança, mas estes vão conseguir ser o que desejam e farão a diferença para o planeta.

As causas sociais os atraem, como as lutas contra injustiças fascinam os índigos. Gostam de estar com idosos, pessoas carentes e marginalizadas. Os animais em sofrimento são um tormento para essas crianças puras de coração. Eles não compreendem como o ser humano pode ser tão rude e cruel. Choram de dor pela dor do próximo. Mas são proativos. Agem e fazem a diferença. Têm a capacidade de harmonizar o ambiente onde estão e, se colocados em situações de conflitos, antes de tomar partidos, procuram acalmar e analisar a situação com isenção emocional.

Pela forma como são capazes de contatar as outras dimensões e ficar alheios ao mundo que os cerca porque estão voltados para dentro de si mesmos, são confundidos com crianças com Síndrome de Asperger. Essa é uma doença genética que causa uma perturbação neurocomportamental, caracterizada por alterações na interação social, na comunicação e no comportamento. O diagnóstico de dá por um conjunto de características:

- Défice de comportamento social;
- Interesses limitados;
- Comportamentos rotineiros;
- Peculiaridade do discurso e da linguagem;
- Perturbação na comunicação não verbal;
- Descoordenação motora.

Como sabemos, os cristais não apresentam essas características, mas, infelizmente, há quem os confunda e, atualmente, muitos creditam aos autistas o rótulo de crianças cristais ou índigo.

Pode acontecer de alguns cristais demorarem para falar até os 4 anos de idade. Muitas vezes os idiomas praticados neste planeta são difíceis para ser assimilados. Todavia, não podemos nos esquecer de que muitas dessas crianças são provenientes de planetas onde a comunicação é puramente telepática. Mas, aos pais, cabe a missão de os ensinar a viver na Terra e, portanto, não podem atendê-los pelos gestos e impulsos mentais, dos quais não estão conscientes, devendo estimulá-los a falar o que querem.

Os cristais são a pedra fundamental para a nova raça humana. Vieram a convite e por livre escolha. Vieram para trazer o sentido de ética e moral de volta ao planeta Terra. Serão os líderes que teremos de seguir ainda, que sejam adolescentes. Temos, graças à globalização, acesso ao conhecimento de especialíssimos seres que se destacam e que se preocupam em ensinar caminhos mansos.

Boris Kipriyanovich, Boriska, nasceu em 11 de janeiro de 1996, na região de Volgograd, Rússia. Filho de uma dermatologista e de um funcionário público aposentado, nasceu de parto normal, descrito pela mãe como muito fácil e quase sem dor. Todavia, o que mais impressionou a mãe foi o fato de o bebê fixar nela seus grandes olhos castanhos. É considerado um fenômeno pois, aos 4 meses, disse "pai" e aos 8 meses falou sua primeira frase completa: *"quero um prego"*. Com 18 meses, lia jornais. Ao ganhar dos pais um jogo de peças para montar, começou a fazer formas geométricas e, nessa idade, começou a desenhar figuras com predominância de azul e lilás, descritas pelos cientistas russos que o estudaram como auras que ele via em torno das pessoas. Aos 3 anos, começou a conversar com seus pais sobre o universo, dando nome a todos os planetas do sistema solar e a seus satélites e a galáxias denominadas por nomes e números. A mãe achou que ele fantasiava, mas, ao procurar livros de astronomia, viu que todas as informações do menino eram corretas. Na escola de puericultura, desde os 2 anos, Boriska chamou a atenção dos professores pela excepcional capacidade de memória e aprendizado. Mas foi aos 7 anos que ele se tornou uma celebridade mundial, ao contar a um grupo de adultos que era marciano, que havia estado na Terra na Lemúria, muito havia errado e que, agora, voltava ao planeta porque grandes mudanças iriam ocorrer aqui. Contou sobre a destruição da atmosfera marciana e a seca terrível, dizendo que os marcianos, agora, vivem em cidades subterrâneas. Logo, a inteligência brilhante do garoto se tornou notória e ele foi matéria do *Pravda*, importante jornal russo. A notoriedade causou sérios problemas ao menino, porque passou a sofrer *bullying* por parte dos colegas, sendo agredido até fisicamente. Mães de alunos pediram sua expulsão porque temiam que seus filhos tentassem se matar para viver no mundo que Boriska descrevia. A inteligência superior do pequeno cristal chamou a atenção de cientistas que passaram a estudá-lo, como o dr. Vladislav Lugovenko, professor universitário e doutor em física e matemática, do Instituto de Magnetismo Terrestre, da Academia Russo de Ciências (IZMIRAN), que estudou e declara que continuará estudando Boriska, após publicar um livro sobre ele e outras crianças especiais, ainda que o descreva como índigo: *The Indigo Children of Russia*.

Boriska falava da lei do amor e desapareceu em 2008, não se sabendo se optou pelo afastamento dos holofotes ou se foi calado. Mas o discurso deste cristal é bem claro:

"A doença resulta da incapacidade das pessoas de viverem adequadamente e ser felizes. Você deve esperar por sua metade cósmica. Alguém jamais deveria envolver-se em bagunças do destino de outros indivíduos. As pessoas não deveriam sofrer por seus erros passados, e sim entrar em contato com aquilo que lhes foi predestinado e tentar alcançar as alturas e conquistar seus sonhos. Vocês têm de ser mais simpáticos e calorosos. Caso alguém os ataque, abracem seu inimigo, peçam-lhe perdão e ajoelhem-se diante dele. Se alguém os odeia, amem-no com todo fervor e devoção e peçam-lhe desculpas. Essas são as regras do amor e da humildade. Sabem por que os lemurianos pereceram? Eu tenho parte da culpa. Eles não desejavam mais se desenvolver espiritualmente. Eles se afastaram do caminho predestinado e assim destruíram a unidade global planetária. O Caminho da Magia leva a lugar nenhum. O Amor é a verdadeira Magia!".

Akiane Kramarik nasceu em julho de 1994, filha de uma lituana e de um norte-americano. Atualmente, vive em Idaho, Estados Unidos, com seus pais e três irmãos. Frequentou escolas públicas e particulares e, hoje, estuda em casa com seus irmãos. Aos 4 anos, ela teve uma experiência transcendental, conforme conta, sendo importante ratificar que sua família era ateia. Akiane teve uma projeção astral, onde foi levada por um Espírito para um mundo cheio de cores e ele lhe disse que ela deveria aprender a usá-las. Logo que acordou, começou a desenhar com um talento muito superior à sua idade e, aos 6 anos, começou a pintar imagens tridimensionais que lhe deram, rapidamente, grande notoriedade, indo diversas vezes à mídia. Sua fé em Deus acabou por modificar os sentimentos de sua família, que aderiu ao Cristianismo. Seus quadros são de tamanha beleza e realismo que valem de 100 mil a 1 milhão de dólares e ela produz cerca de 20 obras por ano, expondo-as em todo mundo. Mas parte da renda, conforme ela determinou, é destinada a obras assistenciais. Quando tinha 8 anos, cumprindo um ritual seu, Akiane trancou-se em seu quarto e pediu a Deus que se lhe fosse mostrada a imagem de Jesus. No dia seguinte, um carpinteiro bateu à porta da família Kramarik, por engano, e Akiane soube que tinha de retratá-lo. Nasceu o quadro *Príncipe da*

Paz. Anos depois, cientistas estudando o Santo Sudário obtiveram, através de um programa de computador, o rosto do homem que foi envolto por aquele tecido, obtendo o mesmo rosto pintado por Akiane. Obviamente, esse fato apenas ampliou a fama da extraordinária pintora e poetisa. Akiane diz: *"Tenho sido abençoada por Deus. E se eu sou abençoada, há uma razão e uma razão, apenas, que consiste em ajudar os outros"*.

Akrit Jaswal nasceu em 23 de abril de 1993, na pobre Himachal Pradesch. Aos 10 meses já falava e, aos 2 anos, começou a ler e escrever apenas olhando as páginas de livros que começou a ler avidamente. Aos 5 anos, lia Shakespeare, livros de medicina e anatomia humana. Aos 7 anos, tornou-se famoso e respeitado na Índia, como um reencarnante, por ter operado uma menina pobre vítima de queimaduras em sua mão que tinham colado seus dedos. A cirurgia foi um sucesso. Os cientistas indianos começaram a estudar o menino e, em seu primeiro teste de QI, detectaram ser ele um gênio, com QI de 146. O governo da Índia o convidou para estudar na Universidade Punjab, quando tinha 11 anos. Foi quando Akrit passou a demonstrar outros dons. Ele curava pessoas apenas tocando-as, tinha imensa facilidade em fazer diagnósticos. Sua genialidade o levou a Harvard, onde cursou o bacharelado em biologia e zootecnia. Akrit diz que veio para trazer a cura do câncer e que sabe qual o caminho para isso, mas, antes, tem de se formar médico e criar uma fundação para pesquisa.

Ryan Hrejlac nascido no Canadá, em 31 de maio de 1991, aos 6 anos ouviu a professora dizer, em uma aula, que crianças adoeciam e morriam por beberem água contaminada na África. Ryan comoveu-se porque ele tinha água limpa sempre que quisesse. Perguntou à professora quanto custava abrir um poço na África e ela se lembrou da ONG Watercan que abria poços por 70 dólares. Chegando em casa, ele pediu o dinheiro à mãe, Susan, dizendo que era para cavar um poço na África. A mãe lhe prometeu o dinheiro, mas ele teria de trabalhar para conseguir. Durante quatro meses, Ryan esforçou-se nas tarefas domésticas dadas pela mãe e conseguiu o valor necessário. A felicidade não veio apenas da meta atingida, mas de sentir-se participativo. Susan o acompanhou à Watercan, onde foram informados que a bomba custava esse valor, mas para se cavar um poço eram necessários 20 mil dólares. A mãe disse que não poderia lhe pagar esse valor e, em vez de desanimar, disse que logo retornaria com o valor necessário. O entusiasmo do pequeno cristal animou parentes e amigos e, logo, conseguiram 700 dólares. A Watercan comprometeu-se a conseguir o resto da quantia e o poço foi cavado. Em 1999, o poço nascido da vontade de ser útil de Ryan foi construído na Angolo Primary School, em Uganda, beneficiando milhares de pessoas. Uma parceria foi feita entre a escola de Ryan e a de Uganda, sendo que os alunos poderiam trocar correspondência. Em uma dessas trocas, Ryan conheceu Jimmy Akana que, antes do poço, tinha de caminhar oito quilômetros para pegar, em um vasilhame de dez litros, água imunda. Tinha de fazer várias viagens antes de ir para a escola. Ryan ficou chocado com a situação de Jimmy e das outras crianças. Sua vontade de ajudar crescia a cada nova descoberta das necessidades do povo da África.

    Os pais dele perceberam a necessidade do garoto de continuar ajudando e, com muita dificuldade, em 2000, foram para Uganda, sendo levados por um guia para a aldeia que havia sido beneficiada com o poço. Chegaram em um jipe e Ryan estranhou ver as crianças ao lado da estrada de terra, gritando e batendo palmas. Foi levado pelas autoridades locais até o poço que havia sido batizado com seu nome. A amizade entre Ryan e Jimmy solidificou-se. Os pais de Ryan passaram a enviar para Jimmy livros e roupas, mas, em 2002, Jimmy foi sequestrado pelo Lord's Resistance Army, que roubava centenas de crianças para vendê-las aos guerrilheiros. O desespero, inicialmente, tomou os pensamentos de Jimmy, mas a esperança de ser ajudado por Ryan lhe deu forças para romper as cordas e fugir. Correu para a casa do gerente do projeto, Tom Ormach. O risco de o menino ser encontrado era grande, então, Ormach pedalou sete quilômetros para levar o pequeno Jimmy à casa do tio, onde ele ficaria em segurança. Dali, a família Hreljac foi informada da situação e levou Jimmy para o Canadá, o que demandou intensa batalha judicial para que sua situação ficasse regularizada, como membro da família. Hoje, Jimmy é o braço direito de Ryan na Ryan's Well Foundation que, criada em 2001, já construiu mais de 630 poços e 700 latrinas, levando água potável e saneamento básico para mais de 705 mil pessoas. Ryan é reconhecido pela Unicef como Líder Mundial da Juventude e continua dedicado e empolgado com o trabalho de sua fundação. Seu trabalho consiste em ministrar palestras sobre a situação dos povos da África, buscando ajuda para levar esperança aos irmãos daquele imensamente sofrido continente e ensinar a população local a cuidar corretamente dos poços e da água.

São frases de Ryan:

"Eu adoro ouvir mais exemplos de pessoas que apenas fizeram o que elas queriam fazer e não ligaram se não iriam resolver o problema todo ou não iriam fazer o maior impacto sobre o mundo, mas foram ingênuas o suficiente para fazer o que eu fiz quando eu tinha 6 anos. E é incrível o que pode acontecer ao longo do tempo".

"Essa experiência ajudou-me muito. Aprendi que somos todos iguais. Aprendi que as crianças precisam de certas coisas para viver com saúde e felizes, independentemente do lugar. Precisam de alimentos suficientes para comer e de água para sobreviver. Precisam de ter condições para ir às aulas e oportunidades para brincar e se divertir. Robustos e bem preparados, também eles poderão ajudar a humanidade inteira".

Por fim, quero escrever sobre uma cristal holandesa que encantou seu país em um programa de talentos, Holland's Got Tallent, Amira Willighagen. Em 2013, ela apresentou-se no programa, tendo 9 anos, cantando "Mio Babbino Caro", dificílima música para sopranos. Atônitos, jurados e público tinham a respiração suspensa, ouvindo aquele anjo de olhos azuis enormes, segurança ímpar, seriedade e firmeza. Felizmente, a menina venceu o concurso daquele ano e, na final, havia cantado de modo sublime a maravilhosa aria de Puccini, da ópera *Turandot*, "Nessun Dorma". Bem, após saber que estava entre os três melhores, jogou-se ao chão, fingindo-se de morta. Isso é tão típico dos cristais. Com pais muito conscientes, Amira tem sua agenda determinada pelo calendário escolar. Em uma apresentação, na África do Sul, foi levada para conhecer um parque para crianças pobres, Ikageng Township. A pobreza a confrontou e emocionou tanto quanto a Ryan. Mesmo sendo de família de classe média baixa, Amira sabe que tem tudo o que precisa, sem esforços maiores. Ela escolheu cantar ali, para aquelas crianças. Em uma entrevista para a TV, Amira citou Mandela, dizendo de o grande líder africano falava que as crianças tinham de ter saúde, instrução e brincadeiras para que se tornassem bons adultos. Bem, Amira foi convidada para gravar seu primeiro CD, em Londres, por Simon Cowel. Sua decisão, imediata, foi doar parte do lucro para o Ikagen Township, porque ela quer repartir o fruto de seu trabalho com as crianças pobres. A dor do próximo a fere. As apresentações de Amira são, em grande número, beneficentes, como a feita para as vítimas de tifo das Filipinas. No anexo final deste livro, coloco vários links de Amira Willighagen.

Estes são os cristais, a semente fértil da Nova Humanidade que povoará a Nova Terra. Eles têm consciência de que são diferentes. Devemos ser sábios o bastante para segui-los, ainda que sejam crianças e adolescentes ou adultos muito jovens, porque eles têm a bússola e o mapa que conduzirá essa humanidade no salto quântico que está prestes a ocorrer.

Capítulo 8

Educando Índigos e Cristais

Pelo exposto até aqui, sabemos que a missão de cuidar e educar esses seres é, minimamente, difícil. Afinal, eles são mais inteligentes racionais e espirituais. Para eles, a eletrônica é muito simples, rapidamente dominam qualquer aparelho, jogos, etc. Exatamente por aprenderem muito facilmente, sua atenção dificilmente é mantida quando o desafio acaba.

Disciplina não é uma virtude para índigos e cristais. A irreverência que os caracteriza concorre contra os cristais. A insegurança, contra os índigos.

Como a maioria dos cristais é proveniente de planetas onde o respeito ao desenvolvimento do potencial do aluno está acima de regras, quando confrontados com a exigência de estudarem por métodos que não são rápidos para suas mentes, ou os assuntos não sejam adequados a seu grau de busca de conhecimento, tendem a rebelar-se e se desinteressar pelos estudos. Passam a ser alunos problemas, rotulados de maus alunos.

Esses seres não temem ameaças, porque não respeitam determinações ditatoriais. Sendo contra o establishment, são contrários a qualquer forma de obrigação, se não a perceberem como útil. Todos eles são espíritos necessitados de disciplina e esta é uma das razões para estarem encarnados aqui: aprender a ouvir e compreender que a necessidade do todo passa pela ação de cada indivíduo em prol da ordem. Ainda que sejam seres mais preparados, como já foi dito, não são perfeitos e os índigos ainda precisam se adequar, vibracionalmente, para o nível quântico de um planeta de regeneração. Os cristais já estão, praticamente, adequados. Mas precisam passar pela grande prova de conviver com o materialismo exacerbado e seres manipuláveis como os terrícolas de hoje. E não pensemos que é uma prova fácil. Quando se tem poder mental desenvolvido, as tentações são muito grandes. É fácil ser bom entre bons, mas manter-se bom com tantas tentações, convenhamos, é só para Espíritos superiores.

Vamos analisar nossas escolas, atualmente. Há uma grade curricular que determina quais são as matérias, a carga horária das mesmas, a sequência em que deverão ser ministradas aos alunos e qual o aproveitamento médio a ser esperado para cada faixa etária. As crianças são quase iguais no mundo inteiro, mas as grades curriculares, mundo afora, não poderiam ser mais diferentes. Claro que estas são adequadas à cultura e expectativas de cada povo. Recentemente, estive palestrando em Portugal, na época do exame nacional de português. É assunto tão importante lá quanto o vestibular por aqui, sendo abordado em todos os telejornais. Israel e Turquia seguem o mesmo calendário escolar de férias de verão. Pudemos observar a tensão dos pais e dos filhos com a chegada da temida prova de fim de ciclo escolar. Todos os alunos são submetidos às provas finais. Ficam tensos, pais sofrem, professores se desdobram. Uma mãe inglesa que mora em Istambul disse-me que os filhos estudam em escolas internacionais naquela cidade, em razão do desejo dos pais de lhes proporcionar possibilidades de irem completar seus estudos na Inglaterra. Perguntei se o ensino nos dois países era muito diferente, crendo que ela me diria ser mais forte no seu país de origem. Mas ela me explicou que, na Turquia, o ensino é muito diferente, muito mais exigente. Segundo ela, eles "espremem" os alunos e a disciplina é essencial ao bom desempenho escolar. Com um profundo suspiro, disse-me que os filhos sofriam na escola internacional, mas, felizmente, mais um ano estava acabando. Percebam, uma mãe inglesa comemora o final do ano escolar em uma escola internacional turca que deveria ser mais suave em termos de peso sobre o aluno. Mas, no mundo mulçumano, a disciplina é vital, uma vez que, desde muito cedo, as crianças aprendem a obedecer à forte imagem paterna. Imagem esta que é transferida para o professor, para o imã (autoridade religiosa, equivalente ao padre, pastor, rabino). Você pode passar semanas em países mulçumanos e não ver qualquer grito de criança, choro, manha, nada do gênero com que convivemos tranquilamente nos países ocidentais. Até que encontra uma criança especial que se recusa a ir na direção desejada pela mãe. É tão raro que os transeuntes param para ver, aumentando o desconforto materno. Nesse momento, ao encontrar os olhos de um cristal ou índigo, fazendo birra porque é diferente, para pais que não têm a menor ideia de como controlar aquele ser fora da rotina milenar deles, percebemos que a mudança assolará todo o mundo, sem exceções. Volto a esse assunto específico mais à frente.

"*A educação começa em casa.*" Acho que todos de minha geração conhecem esse bordão verdadeiro. Foi, no passado de poucas décadas atrás, quando a família era o maior tesouro que tínhamos. Atualmente, os distantes pais esperam que os despreparados professores transmitam aos filhos a formação moral – tarefa que lhes compete – e informação cultural – tarefa de competência dos educadores. Mas os professores estão mal preparados, são mal remunerados, não são os idealistas de outrora. Ou seja, o fracasso inicia-se cedo demais.

A escola tradicional não tem competência ou aptidão para lidar com crianças diferentes. Falta-lhe compreensão do assunto e capacidade de readaptação, de percepção de quem precisa ser educado de modo mais livre e profundo. Os alunos são carteiras preenchidas, atrás de telas de computador ou livros escolares. São números na lista de chamada. Como serem percebidos individualmente então? Mas engana-se quem pensa que não existem escolas ou métodos adequados aos alunos especiais ou que, não os considerando como realidade, ignorem a necessidade de métodos mais modernos, cuja meta seja o desenvolvimento do potencial de cada aluno.

Vamos conversar sobre métodos de ensino que são ideais para as crianças especiais e, convenhamos, para todas as demais.

Rudolf Steiner – Método Waldorf

Em 1861, naturalmente no século da Luz, nasce em Donji Kraljevec, Croácia, Rudolf Steiner. Rapaz de família humilde, o pai era funcionário da estação de ferro. Viveu e estudou em muitas escolas austríacas, país de seus pais. Já no ensino médio destacava-se pela inteligência brilhante e pela capacidade de transmitir conhecimento, sendo professor de seus colegas de classe, especialmente em matemática e ciências. Gradua-se na Escola Politécnica de Viena, estudando profundamente a Goethe, de quem se torna o editor das obras científicas, para a edição nacional do *Deutsche National Literatur*. Seu artigo intitulado "O pensamento científico de Goethe" ainda hoje é considerado referência sobre esse importante autor.

Mas a grande veia de Steiner era ensinar. Entre 1884 e 1890, foi contratado como professor para quatro crianças de uma família austríaca, enfrenta um grande desafio: uma das crianças era hidrocéfala e, portanto, considerada inapta para ser educada, já que mal conseguia ler. Bem, Steiner não apenas educa o mesmo e o desenvolve, como o vê formar-se médico, profissão que exerce até ser morto na Primeira Guerra Mundial.

Como editor respeitado, doutorado em filosofia pela Universidade de Rostock, na Alemanha, em 1895, publica Friedrich Nietzsche, a quem considera um lutador contra seu tempo. Em 1897, muda-se para Berlim, onde se torna o editor da *Revista de Literatura*, assumindo, publicamente, ser contra o antissemitismo. Em 1900, inicia sua jornada como palestrante, difundindo suas pesquisas esotéricas. Em 1901, publica *A mística no início da vida espiritual dos novos tempos e sua relação com a cosmovisão moderna*. No ano seguinte, assume a Secretaria Geral da Sociedade Teosófica Alemã e seu discurso de posse é a palestra *Antroposofia*, tema sobre o qual passa a palestrar em Berlim e toda a Europa, tendo Marie von Sievers como sua principal colaboradora, com quem se casa em 1914. Steiner sedimenta suas ideias nos pensares de Aristóteles, Platão e São Tomás de Aquino.

Sua mente genial fervilhava e os conceitos da antroposofia ganhavam raízes e asas. De 1903 a 1913, passa a publicar diversos textos e livros sobre a temática espiritualista, sobre seus estudos e pesquisas, sendo profundo conhecedor da obra de Giordano Bruno. Entre estes, podemos destacar os primeiros escritos sobre uma nova forma de organização social, denominada de trimembrada: *Como se Adquirem Conhecimentos dos Mundos Superiores, Crônica do Akasha* e *Os Passos do Conhecimento Superior*.

Em 1907, revoluciona a pragmática teosofia, introduzindo atividades artísticas no congresso mundial da Sociedade de Teosofia. A publicação de obras sobre as ciências ocultas, na verdade, sobre o mundo espiritual, e a fundamentação da filosofia antroposófica, promovem a separação de Steiner da Sociedade de Teosofia e a fundação da Sociedade de Antroposofia, em 1913.

A mente de Steiner ganha novos desafios quando ele começa a projetar e construir casas e o Primeiro Goetheanum, em Donarch, Suíça, obra totalmente de madeira de imensa beleza, que é atração turística naquela cidade até os dias atuais. Aliás, permita-me o convite para procurar as imagens dessa edificação na internet, onde encontrará imagens da edificação de concreto e alguns esboços do original de madeira. Você vai se surpreender com a arquitetura que nada tem de sua época. Perceba que as linhas são curvas e não retas, permitindo a circulação permanente de energias. Visão bem futurista, não?

De 1914 a 1924, Steiner palestra em Dornach e em toda a Europa sobre a necessidade de renovação em muitas áreas da atividade humana, como pedagogia, artes, ciências, medicina, farmacêutica, agricultura, arquitetura, teologia e vida social. Publica obras essenciais ao antropofosismo como *Sobre os Enigmas dos Seres Humanos* e *Sobre os Enigmas da Alma*, respectivamente em 1916 e 1917.

Mas é em 1919 que Steiner planta suas sementes para os seres especiais que nasceriam em massa, como ele sabia, décadas depois, fundando a Escola Livre Waldorf, em Stuttgart, que seria dirigida por ele até sua morte. Essa escola ainda existe, na Haussmanstrasse, na mesma cidade de sua fundação.

Em 1920, cria o primeiro curso para médicos, denominado "Ciência espiritual e medicina", iniciando a aplicação do que viria a ser conhecida como Medicina Antroposófica, com a fundação da primeira clínica em 1921, na Suíça, em Arlesheim, que ainda existe.

Acostumado aos ataques ideológicos, não se deixa abater com o incêndio criminoso do Goetheanum, passando a palestrar na marcenaria anexa, já no dia seguinte, em 1922. No ano seguinte, começa a planejar a construção do segundo Goetheanum, agora em concreto aparente, mas com as mesmas linhas estruturais e que seria construído apenas após sua morte. Nesse Natal, funda a Sociedade Antroposófica Geral, a qual preside. Começa a escrever diariamente sua biografia, que fica inacabada. Colabora com a dra. Ita Wegman, no livro de medicina antroposófica, onde são fundamentados os conhecimentos para uma ampliação da arte médica, segundo os conhecimentos da ciência espiritual. Em 1924, inicia curso sobre agricultura em Koberwitz, dando origem à agricultura biodinâmica; inicia curso sobre pedagogia curativa, dando origem a esse ramo de aplicação da antroposofia, e segue palestrando até a doença fatal que o levou à morte em 1925. Vale ressaltar que a pedagogia que cura é especialmente dedicada a crianças com Síndrome de Down.

A frase que melhor o define, em meu entender, é O FILÓSOFO DA LIBERDADE.

O grande legado desse homem extraordinário é a expansão dos horizontes de inúmeros campos. Pena que o medo embote tantas mentes, ainda.

Creio ser pertinente uma breve explicação sobre antroposofia. Steiner separou-se da Teosofia porque entendia que eles não valorizavam, na verdadeira proporção, o Mestre Jesus e o Cristianismo. Aceitava como verdadeiros os dogmas hinduístas do carma e da reencarnação. Steiner desenvolveu, então, uma corrente de pensamento que compreendia como uma "ciência espiritual", sendo uma filosofia e uma prática. Com o distanciamento, progressivamente, mais preconceituoso entre ciência e fé, Steiner buscou desenvolver um caminho de busca da verdade que preenchesse esse abismo. Seu objetivo principal era treinar seus seguidores para irem além do mundo tridimensional, buscando o lado espiritual através do "Eu" espiritual. Defendia que havia um mundo além das percepções dos sentidos do corpo físico. Não há qualquer referência sobre estudos de Steiner das obras de Allan Kardec. Devemos nos lembrar que, em 1857, ocorre a publicação do *Livro dos Espíritos,* que codifica a doutrina kardecista e cuja base é, exatamente, a inter-relação entre o mundo tridimensional e o multidimensional. Sendo um homem profundamente pesquisador, é muito pouco provável que Steiner desconhecesse a obra de Kardec. Não que isso seja essencial ou reduza a importância dos conhecimentos trazidos por eles. Apenas demonstra a imensa sincronia que move o universo.

Steiner acreditava que o ato de pensarmos sobre o pensar deflagrava um caminho de acesso a uma consciência diferente da cotidiana, mais expandida, mais universal. A começar da visão do

"Eu". Para acessarmos essa consciência expandida, que principia no próprio pensar e que nos dá acesso a conceitos sem paralelo nas percepções físicas, Steiner desenvolveu exercícios. Para ele, o objetivo da antroposofia era tornar o humano mais humano, levando-o a um estado espiritual de liberdade. Defendia que o homem vive na Terra desde sua criação, inicialmente sob a forma de espíritos, assumindo diversas formas. Atualmente, estaríamos no período pós-Atlântida, cujo início deu-se logo após o afundamento de Poseidonis, cerca de 10 mil anos atrás. Acreditava que essa era, que denominava euro-americana, duraria até 3573 d.C., quando o homem recuperaria a clarividência e as demais percepções do mundo espiritual.

A medicina antroposófica ganhou o mundo e é praticada por médicos, psicólogos e terapeutas em todo mundo, inclusive, tendo hospitais e universidades. Nestes, utiliza-se apenas da farmácia antroposófica que é uma extensão da homeopatia, podendo ser encontrada com os nomes Wala, Weleda, Sirimim.

Agora, para este livro, a maior contribuição de Steiner é quanto à pedagogia, com o método Waldorf que desenvolveu, prevendo a chegada de seres especiais. Foi introduzida em 1919, em Stuttgard, a pedido dos operários de uma fábrica em Waldorf-Astoria, daí seu nome, que queriam alguma instrução para seus filhos e, desde o princípio, apresentou uma metodologia totalmente diferente de tudo já conhecido pelo mundo moderno. Expandiu-se rapidamente por toda a Europa, até a Segunda Guerra Mundial, quando foi proibida e, logo depois, foi proibida nos países comunistas até a queda de seus governos totalitários. Atualmente, existem mais de mil escolas no mundo com essa metodologia que prioriza absolutamente cada aluno, sem contar os jardins da infância que se multiplicam ainda.

O foco do método de Steiner está no aluno e em seu tutor. Nada mais. Ou seja, a prioridade é o ser vivo e tudo o que o compõe multidimensionalmente, procurando desenvolver seu potencial de modo holístico. Portanto, respeitando da mesma forma seu mundo material, espiritual e consciencial. Ainda que priorize o indivíduo, valoriza e cultua a diversidade cultural, comprometendo-se com princípios éticos universais. Aí está o grande gancho para cristais que já são seres mais éticos e para índigos que precisam desenvolver essa virtude.

Steiner defendia que o aprendizado vem antes da vivência e, depois, da teoria sobre a mesma. Ou seja, aprender sua língua nativa ocorre antes que você saiba escrevê-la ou compreenda suas normas gramaticais. Isso é fato e implica uma individualização do currículo escolar, adaptada a cada aluno, de acordo com suas preferências, necessidades e habilidades, em cada fase de sua vida. Não significa, porém, que a grade curricular obrigatória não seja seguida. No método Waldorf, todas as matérias são contempladas, mas são ministradas de modo individualizado, respeitando a maior ou menor facilidade de cada aluno, seu momento. Nenhuma competição é estimulada, não existem notas mínimas ou máximas. Não há repetência, há reapresentação de tema. Isso faz com que as etapas de aprendizado possam estar harmônicas ao ritmo biológico de cada idade. As avaliações são baseadas nas atividades diárias, em boletins descritivos do comportamento, comprometimento, maturidade e aproveitamento do aluno. Cultiva-se o querer (ação), por meio da atividade física dos alunos em quase todas as aulas, o que é excelente, já que essas crianças são hiperativas. Esse método as acalma. Cultiva-se o sentir pela abordagem artística presente em todas as matérias. A visão do belo, a alegria da realização do belo e a capacidade de materializar o que a mente antevê conectam essas crianças consigo mesmas e com os demais. O pensar vai sendo cultivado aos poucos, inicialmente com auxílio de contos, lendas e mitos do imaginário infantil, no início da escolaridade, até o pensar rigorosamente científico, no ensino médio.

Para Steiner, o jardim da infância ideal é o da sua casa, ao lado de sua mãe e irmãos e amiguinhos. Mas a vida moderna tem inviabilizado isso. Assim, o primeiro ciclo procura recriar o ambiente mais familiar possível para que a referência da família permaneça forte na criança. Todas as crianças têm pequenas tarefas, como regar plantas, arrumar a mesa para o lanche, guardar brinquedos. Quanto mais velhas, mais tarefas e responsabilidade com o grupo.

O ensino é dividido em ciclos de 7 anos: 0 a 7, 8 a 14, 15 a 21. Para cada ciclo, o aluno tem um mesmo tutor que é responsável por ministrar todas as matérias da grade curricular. A diferença é que o aluno não tem de conviver com várias matérias no mesmo dia. Cada matéria é dada por quatro semanas, ininterruptamente. Isso mantém o foco e facilita o aprendizado, porque o aluno convive com o assunto e o tem como único foco. Mas, principalmente, com tempo para que o aluno se aprofunde em cada tema, descubra, crie, complemente. A memória que se adquire é de longa duração, o que evita o desgaste que temos, tão frequentemente, de alunos que estudam a matéria para a prova somente no dia anterior. De acordo com a capacidade individual, naturalmente, são até capazes de se saírem muito bem em provas, mas, passado o teste, o que se estudou deixa de ser acessível, sendo memória de curta duração. É tempo perdido. Energia mental desperdiçada. Conhecimento jogado fora. Lógico que sempre se retém alguma coisa. Percentualmente falando, não vale o esforço todo para se passar em uma prova.

Um único tutor atua no sentido de se dar ao aluno uma referência. Alguém que o conheça muito bem, que saiba de suas virtudes e deficiências, de suas capacidades e falhas. Não é papel do tutor exigir apenas empenho, mas ser espelho de comportamento e disciplina. No ciclo que corresponde ao ciclo médio, professores especializados em diferentes matérias passam a participar do ensino, mas a turma mantém seu tutor.

No primeiro ciclo, a atenção está voltada para o desenvolvimento da coordenação motora e no despertar da memória. Através de atividades lúdicas, o aluno é levado a desenvolver seu relacionamento com outros seres vivos, aprendendo limites, respeito e sentimentos. Língua estrangeira é ensinada desde esse ciclo. Steiner acreditava que, assim, o desenvolvimento de links cerebrais seria ampliado, propiciando ao aluno a possibilidade de aproveitamento muito maior de sua capacidade cerebral. A alfabetização só é iniciada no segundo ciclo, quando se considera que está madura para tal. Steiner acreditava que escrita e literatura são aquisições independentes da fala que é a revelação, através de sons, do âmago da alma humana. Escrever, para o filósofo, é artificial. Assim, o tutor, no segundo ciclo, deve levar o aluno da expressão do imaginário figurativo, quando se expressava através de desenhos, à abstração moderna através da expressão por símbolos que usa para vocalizar as letras. As consoantes eram consideradas por Steiner como objetos exteriores ao ser humano. Assim, na alfabetização, o tutor introduz cada consoante, por meio de histórias, nas quais, por exemplo, o nome do personagem principia pela consoante da vez. Na hora do desenho da história, o tutor faz um esboço de algo que se parece com a consoante em questão. Nas aulas seguintes, o esboço torna-se a letra e é, então, vocalizado pelos alunos. Já as vogais derivam de gestos que correspondem a sentimento. O "A", por exemplo, é introduzido a partir de exercícios, onde vocalizarão "AH".

Nesse ponto, as crianças especiais estão, racionalmente falando, absolutamente prontas para a alfabetização com 2 ou 3 anos de idade. A questão é: devemos fazer isso? Qual o real benefício de se alfabetizar uma criança tão pequena? O outro lado da questão, mais importante a meu ver: devemos evitar que ela aprenda sozinha? Porque é, exatamente, isso o que vem acontecendo. Os cristais e alguns índigos das últimas duas safras nascem ávidos por conhecimento e, autodidatas por excelência, aprendem sozinhos a ler. Raramente a escrever. A capacidade de memória dessas crianças é estelar, para que possamos compreender a proporção em relação à da maioria, ainda convencional, da humanidade. Nesse ponto específico, portanto, o método Waldorf precisa ser adaptado aos recém-chegados.

No segundo ciclo, a ênfase está na educação dos sentimentos para que a criança amadureça emocionalmente. Há, ao lado das matérias regulares, imenso volume de atividades artísticas, ligadas à jardinagem e aos animais, trabalhos manuais como marcenaria, tricô, etc. Não existem livros didáticos nesse método e os alunos fazem seus próprios livros com seus cadernos de anotação.

A meta do ensino de Steiner é desenvolver o ser humano de modo harmônico e holístico, emocional, racional e espiritualmente, treinando-o para ser criativo, analítico e livre-pensador.

São suas metas:

– Integração social e cooperação;
– Aceitar as diversidades culturais;
– Integração de escola e família;
– Propiciar aos alunos, dentro do ambiente escolar e famíliar, uma infância saudável;
– Desenvolver a responsabilidade alegre e leve, substituindo a noção de dever aprender por querer aprender;
– Desenvolver a inteligência racional, a criatividade, a imaginação, a memória e a capacidade de resolução de problemas com equilíbrio emocional;

– As artes e os movimentos são o meio de desenvolvimento holístico;

– Grade curricular voltada ao desenvolvimento adequado a cada faixa etária e a cada aluno especificamente;

– Atenção aos tutores para que se mantenham em processo contínuo de autoeducação, com treinamento específico na metodologia Waldorf.

Como o computador força a atividade cerebral racional, apenas induzindo o aluno à introversão e ao isolamento, nenhuma escola waldorfiana utiliza-se de informática antes do ensino médio. Assim, protege-se a mente infantil de mensagens subliminares.

Vale registrar que as escolas waldorfianas são administradas pelos professores, são independentes entre si, ainda que se relacionem, em busca de aperfeiçoamento do método de Steiner que, ao criar o método, determinou serem as escolas que o aplicassem de fundo filantrópico e não mercantilista.

Para que se tenha uma noção da excelência do ensino, o acesso às universidades norte-americanas se dá por intermédio de um interesse do aluno em estudar naquela instituição. A análise de seu pedido é baseada em currículo, carta de recomendação de professores ou diretores escolares e entrevista pessoal. Alunos provenientes de escolas waldorfianas costumam ser escolhidos, preferencialmente, porque se apresentam com grau cultural superior, capacidade de concentração e de apreensão superiores, alta criatividade e senso humanístico.

Nos últimos 30 anos, o número de escolas waldorfianas cresceu imensamente nos Estados Unidos, país que prioriza a praticidade da vida. No Brasil, segundo a Sociedade Antroposófica Brasileira (SAB), existem 25 escolas com essa filosofia, sendo que quatro estão em São Paulo, incluindo a mais antiga, de 1956, Escola Waldorf Rudolf Steiner, que tem 850 alunos, 75 professores e o curso mais antigo de formação dos mesmos, em nosso país. Ainda segundo a SAB, em 2010, o site Federação das Escolas Waldorf do Brasil informou que existem 73 escolas waldorfianas no país reconhecidas por ela, 2.050 professores e 2.500 alunos de jardim da infância, 4.180 alunos do ensino fundamental e 580 alunos do ensino médio. O acesso dos alunos desse método ao ensino superior, para faculdades de nível de excelência médio, dá-se sem a necessidade de ensino suplementar, como os cursinhos preparatórios para o vestibular.

Obviamente, o método tem seus opositores. Para que possamos compreender o universo waldorfiano, creio ser essencial que conheçamos as palavras em contrário e que estas sejam provenientes de pais de alunos que abandonaram essas escolas. A partir daí, seremos capazes de construir uma ideia clara e, para os que têm filhos especiais, uma decisão assertiva.

Uma das principais críticas às escolas waldorfianas é o fato de trocarem pouca experiência com escolas de outras metodologias, ficando isoladas em seus conceitos. Mas a própria antroposofia é hermética. Qual filosofia não é?

Encontramos o relato de uma mãe cujo filho estudou em uma escola waldorfiana. Segundo ela, no ensino da tabuada, a professora desenvolveu um jogo em que arremessava uma bola para um aluno e este deveria, ao pegá-la, dizer o número certo da multiplicação. Como modo de incentivar a classe, a professora prometeu que, se todos acertassem, seriam levados a um lugar de grande interesse dos alunos. Bem, o filho dessa senhora, inseguro, ao pegar as bolas, gaguejava e errava na resposta. Assim, a classe não obteve o prêmio prometido. A situação se repetiu diversas vezes e o menino passou a ser hostilizado pelos colegas que o culpavam, desenvolvendo medo de matemática.

Como o papel do tutor é formar seres humanos, cabe-lhes, também, educar, e alguns, utilizam-se de punições na classe, como escrever uma centena de vezes o nome de um colega que se tenha ofendido. Naturalmente, a escola, seja lá o método que tiver de ensino, é formada por seres humanos que são imperfeitos e que, por isso, não conseguem acertar sempre. Também é verdade que os pais, culpados que se sentem por não cumprirem o papel de formadores de caráter, atribuem aos professores a responsabilidade e a culpa por tudo. A leitura de relatos de pais que tiraram seus filhos de escolas waldorfianas sempre começa no quanto se sentem abandonados pela escola, no quanto não foram compreendidos em suas necessidades, no quanto seu filho foi humilhado. Não há consistência contra o método.

É preocupação natural e muito frequente de pais de crianças em escolas waldorfianas o futuro das mesmas. Um processo de educação tão diferente pode levar a uma boa universidade? Como será a adaptação do aluno a métodos tão diferentes dos vivenciados durante os ciclos básicos, no ensino superior? Que chances de encontrar emprego tem um aluno de escola waldorfiana? Essa escola só serve para formar artistas?

Existe um trabalho muito bem embasado, feito pelo casal Wanda Ribeiro (socióloga) e Juan Pablo de Jesus Pereira (engenheiro) para analisar a vida de ex-alunos do método. Pode ser lido na íntegra, na internet, com o título *Os Sete Mitos da Inserção Social do Ex-aluno Waldorf*. Os autores entrevistaram ex-alunos da Escola Waldorf Rudolf Steiner de São Paulo por conta do número de alunos, o que propiciaria uma casuística consistente, ter diversas gerações de ex-alunos e ser a escola pioneira do método aqui no país. Foram entrevistados 135 ex--alunos, cerca de 10% dos formados no ensino médio pela escola, entre os anos de 1975 a 2002. A escolha foi aleatória, tendo sujeitos escolhidos por indicação de pessoas fora do âmbito escolar que conheciam ex-alunos, indicação de outros ex-alunos e um "sorteio" realizado pelo GEA (Grupo de ex-alunos da escola em questão).

Aos entrevistados, foi fornecido um questionário cujas respostas são descritivas e não de múltipla escolha, para se ter uma análise tanto quantitativa quanto qualitativa. Do total, 58% entraram na escola no jardim da infância.

PRIMEIRO MITO: Os alunos têm muita dificuldade em passar no vestibular.

100% dos que prestaram vestibular foram aprovados; 91% na primeira tentativa.

SEGUNDO MITO: Só passam em faculdades de segunda expressão.

68% dos alunos foram aprovados em faculdades de expressão, conforme classificação do MEC.

TERCEIRO MITO: Não têm capacidade para cursar ensino superior.

92% completaram o ensino superior com êxito.

QUARTO MITO: A pedagogia Waldorf só forma artistas.

12% dos estudantes formaram-se em carreiras artísticas.

QUINTO MITO: A pedagogia Waldorf não prepara para o mercado de trabalho.

99% atuam no mercado de trabalho.

SEXTO MITO: A pedagogia Waldorf não prepara para o mundo da competição profissional
84% não se sentiram prejudicados em relação aos demais seres humanos.

SÉTIMO MITO: A pedagogia Waldorf é de doutrinação religiosa.
100% não perceberam qualquer tipo de doutrinação religiosa.

Em uma análise desapaixonada porque não estudei em escolas Waldorf, admiro o método por sua integralidade, por seu horizonte amplo de busca do ser humano de maneira holística, pelos valores éticos que transmite a seus alunos. Para crianças hiperativas, com dificuldade em diferentes graus de atenção e concentração, com imaginação fértil e sensibilidade paranormal aberta, é um método de excelência e que deve ser considerado, com certeza, lembrando sempre que sua concepção é excelente e sua execução é feita por seres humanos normais.

"Nossa mais elevada tarefa deve ser a de formar seres humanos livres que sejam capazes de, por si mesmos, encontrar propósito e direção para suas vidas."
Rudolf Steiner

Maria Montessori – Método Montessori

Maria Montessori nasceu na Itália, Chiaravalle, em 1870. Filha de um oficial do Ministério das Finanças e cuja mãe era considerada bem educada para a época. Mas uma família com alta devoção católica. Desde bem jovem, demonstrou grande aptidão para matérias científicas, principalmente biologia e matemática e, para desespero de seus pais que a queriam professora, inscreveu-se e foi admitida na Escola de Medicina de Roma. A opção profissional da filha era um ato de desrespeito às leis divinas. Torna-se a primeira mulher italiana a se formar médica, em 1896. A luta contra toda sorte de preconceitos, sua grande inteligência e a vontade de ser útil ao próximo superam a ignorância da época, que não lhe permitiria o exercício profissional porque era ilegal um homem ser examinado por uma mulher. Sua destacada inteligência a fez ser respeitada por seus professores e colegas. Tinha particular interesse pelos estudos do sistema nervoso e inscreveu-se no internato de psiquiatria. Durante seu treinamento, teve sua atenção despertada para as crianças com deficiência mental abandonadas no sanatório onde trabalhava.

Essas crianças eram mantidas em quartos pequenos, lotados, sem brinquedos e sem nada o que fazer. A triste condição desses pequenos tornou-se uma inspiração para Maria, que sentia ser, facilmente, possível dar uma condição de vida mais alegre e produtiva para aquelas crianças. Passou a estudar Ittard que, na época da Revolução Francesa, tivera de educar uma criança de 8 anos com debilidade mental, conhecida como o "Selvagem de Aveyron", e que escreveu o primeiro estudo conciso sobre o tema. Em suas pesquisas, Montessori descobriu os estudos de Edouard Séguin, professor e médico, que durante dez anos fizera estudos e pesquisa com crianças com retardo mental, publicando-as no livro *Hygiene et éducation des idiots et autres enfants arrérés,* em 1846. Esse pesquisador migrou para os Estados Unidos, onde desenvolveu ainda mais seu método para tratar e educar essas crianças, fundando escolas de atrasados e anormais, em Nova York, e publicou o livro sobre o método, *Idiocy and his treatment by physiological method,* em 1866.

Séguin acreditava que o ensino para essas crianças deveria se basear em uma cuidadosa observação do aluno, evitando-se toda e qualquer forma de ação que pudesse ser uma violência a suas possibilidades psíquicas. Ainda mais, deveria o professor aproveitar toda e qualquer oportunidade que demonstrasse o aluno de emersão de sua inteligência.

Em 1898, Montessori apresenta seu trabalho científico sobre a educação de crianças com retardo mental, no congresso de Torino, defendendo a tese de que essas crianças precisavam menos de medicina e mais de um método pedagógico que as favorecesse e não excluísse. Em vez de serem internadas, essas crianças precisariam ser colocadas em escolas, onde seu potencial pudesse ser desenvolvido. Sem médicos, mas com professores capacitados a tratarem delas.

Guido Bacelli, que havia sido professor de Maria e, agora, era ministro da Instrução Pública, chamou-a a Roma para uma série de conferências que despertaram o interesse da sociedade ligada ao problema. Logo, discutia-se a necessidade da criação de escolas do método Séguin, na Itália, que vinham apresentando sucesso nos Estados Unidos e em Paris. O apoio científico possibilitou a Baccelli a fundação da Escola Ortofrénica, com internato para crianças anormais (adjetivo empregado na época e que vou usar somente aqui, porque não concordo com ele), e formação para professores que desejassem seguir esse caminho.

Maria passa a dedicar-se exclusivamente a esse projeto: educar crianças anormais. Pesquisadora por excelência, a prática de seus estudos alimentava a vontade de conhecer ainda mais. Tratava das crianças do instituto e da escola e dos candidatos a professor. Queria lhes transmitir o conceito de que ensinar era uma troca entre professor e alunos, que educar era um ato de caridade, de sacrifício, de entusiasmo, de zelo e de satisfação interior. Trabalhava 12 horas por dia, assistindo a seus pacientes, treinando professores e estudando. Seguidamente ia a Paris e Londres para visitar escolas que acompanhavam o método de Séguin. Todavia, Maria começou a melhorar o material desse mestre pioneiro, escrevendo os primórdios de seu próprio método. O resultado prático não poderia ser melhor. Alunos da Escola Ortofrénica passaram a obter notas semelhantes às das crianças normais, nos exames. Todo o esforço de trabalho a que se submetia acabou por se somar a seu drama particular e que ampliaria ainda mais seu desejo de melhorar a educação das crianças, agora, as "normais".

Em 1908, Maria teve um relacionamento com um médico de seu trabalho, Giuseppe Montesano, engravidando. Ele não quis se casar com ela, preferindo outra mulher, e Maria teve seu filho sozinha, afastando-se do trabalho com a desculpa de estar doente de tanto trabalhar. Deu à luz um menino, Mario, que foi deixado com primos que viviam no campo, perto de Roma, porque a mãe de Maria temia que o escândalo destruísse a muito bem-sucedida carreira da filha. Durante quase 15 anos, Maria ia visitar periodicamente o menino, identificando-se apenas como uma amiga. Somente em 1912, quando sua mãe morreu, é que Mario soube da verdade, indo viver com sua mãe.

Nesse período, a mente genial dessa mulher não aceitava o descanso e Maria começou a se perguntar qual a razão para alunos anormais terem resultado escolar similar ao de crianças normais.

Durante meses, Maria relê as obras de Ittard e Séguin, procurando estabelecer o caminho que, acreditava, fosse libertar as crianças normais dos grilhões de um ensino que não lhes contemplava o desenvolvimento das virtudes intelectuais que tivessem. Passa a frequentar cursos de pedagogia e volta a estudar psicologia. Frequenta escolas de Roma, Napoli e Milão. Conversa com professores de pequenas escolas, assimilando os resultados dos métodos de ensino que aplicavam. Vai delineando seus próprios conceitos do que considera a educação ideal: a liberdade.

Seu excepcional trabalho junto às crianças anormais leva o ministro a nomeá-la para a cadeira de antropologia pedagógica de Roma, e esse cargo lhe possibilita exercer uma grande influência. Da mesma forma como lutara para a criação da Escola Ortofrénica, passou a lutar para que uma nova metodologia fosse empregada com as crianças normais. Trabalhava junto a professores, buscando lhes dar a compreensão de que muita coisa precisava ser mudada para que os alunos pudessem obter melhores resultados. Contudo, dessa vez, a burocracia e o preconceito fecham as portas ao seu sonho de fundar uma Escola Normal. Sem desistir, Maria tinha apenas o trabalho junto aos professores para divulgar suas ideias. Até que recebe o convite de uma empresa italiana especializada em construir prédios populares, em 1906. O problema que tinham era que os pais dos pequenos que moravam nos prédios tinham de sair muito cedo para trabalhar, deixando as crianças sozinhas e estas, naturalmente, faziam um barulho ensurdecedor, o que irritava os demais moradores, reduzindo a busca pelas casas populares que construíam. A empresa oferece a Maria um salário e uma sala de aula em cada bloco para que ela tomasse conta das crianças, que já estavam destruindo as construções.

Ela analisou a situação amplamente vantajosa que lhe era oferecida: pais sem formação pedagógica que pudessem discutir a metodologia que iria empregar; não sendo escolas tradicionais, não haveria cobranças por exames e resultados; se o método apresentasse os resultados que acreditava, sendo barato e tendo sido aplicado em crianças de baixo nível cultural, estaria provado que ele funcionava e as barreiras teriam de cair.

Escolhido o prédio que receberia a primeira escola, foram regimentadas as regras que deveriam ser seguidas por pais e crianças:

seriam admitidas crianças de 3 a 7 anos; os pais não teriam qualquer custo; deveriam enviar as crianças limpas e vestidas na hora determinada pela diretora; deveriam responder às questões e petições desta; ajudar o pessoal no trabalho da educação; deveriam acatar os conselhos que lhes fossem dados; crianças sujas ou malvestidas, mal--educadas e pais grosseiros implicariam o desligamento da escola; casos omissos seriam arbitrados pela diretora.

Em janeiro de 1907, inaugura-se a primeira *Casa dei Bambini* com instalações precárias, sem espaço para as crianças brincarem no recreio, mobiliário rudimentar, sem flores mas, na parede, estava o quadro da Madona della Sedia, de Rafael, a devoção de Maria. A professora por ela escolhida compartilhava de suas ideias e as apoiava. Os resultados foram excepcionais e a empresa decidiu abrir nova escola, em abril do mesmo ano e, logo em seguida, a terceira. Como a empresa já tinha 400 prédios, Maria entusiasmou-se, prevendo que seu método, empregado em 400 escolas e apresentando os resultados que já estavam sendo vistos, seria, então, facilmente reconhecido e seria aplicado às demais escolas.

Os resultados chamaram a atenção de professores convencionais, que começaram a visitar as *Case dei Bambini* para aprender a metodologia. Muitos passaram a aplicar o método em suas próprias escolas. Teresa Bontempi introduziu o método na Suíça e, logo, as escolas daquele país passaram a trocar seu método de ensino. Pouco depois, funda-se uma escola na Argentina. Em 1910, o método chega aos Estados Unidos e, em 1911, a Paris. Em 1913, funda-se a Sociedade Montessori, na Inglaterra. Duas sociedades, em Milão e Roma, oferecem-se para fabricar o material necessário e a Baronesa Alicia Franchetti paga a primeira edição do livro *Pedagogia Científica,* no qual Maria expõe os princípios e a didática de seu método. Finalmente, em 1911, o método passa a ser adotado nas escolas primárias da Itália, graças ao trabalho de Maria Maraini Guerrieri.

Maria é nomeada inspetora das escolas italianas. Em 1924, encontra-se com Benito Mussolini e, como se recusa a apoiá-lo, as escolas montessorianas são fechadas e Maria tem de se exilar na Espanha. A Guerra Civil Espanhola força sua mudança para a Inglaterra. A Segunda Guerra Mundial faz com que Maria e seu filho Mario fujam para a Índia, que era colônia inglesa. Mario é detido pela Índia por ser italiano e este país ser colônia britânica. Mas Maria pode viajar e lecionar. Terminada a guerra, voltam para a Holanda, onde Maria vem a falecer, em 1952, vítima de uma hemorragia cerebral.

Hoje, o método Montessori é encontrado em escolas de todo o mundo, incluindo Tibet e Quênia. Na Itália, Holanda, Panamá e Austrália é o método oficial de ensino.

O método Montessori enfatiza mais o ser biológico que o ser social, destacando que a concepção educacional é de crescimento e desenvolvimento antes de ser de integração social, considerando que a vida é desenvolvimento. Montessori acreditava que à educação cabia o papel de propiciar esse desenvolvimento. Para ela, o próprio aluno se educa, levando-se ao conhecimento do consciente do real. Para tal, é preciso conhecer o mundo exterior a si mesmo e o mundo interior de si mesmo. Para atingir tal meta, Maria preconizou o método experimental, por meio do qual a criança toma ciência do real pelas atividades que realiza.

Outro ponto essencial de sua filosofia era quanto à liberdade como condição de expansão de vida. Essa concepção materializava-se já no próprio ambiente da sala de aula, sem carteiras presas, sem castigos ou prêmios e com incentivo à manifestação espontânea dos alunos. Montessori ensinava que *"o bem não poderia ser compreendido como ficar imóvel e nem o mal como estar ativo"*. Atividade, liberdade e individualidade formavam o tripé básico dessa filosofia. O espírito da criança se formaria segundo os estímulos externos que precisam ser determinados. Ou seja, o ponto mais importante do método é a possibilidade criada por ele de se libertar a verdadeira natureza do indivíduo, para que essa possa ser observada, compreendida e para que a educação se desenvolva com base na evolução da criança e não o contrário.

O Método Montessori tem seis pilares básicos, conforme ensina Gabriel M. Salomão em um excelente blog sobre o assunto:

AUTOEDUCAÇÃO: é a capacidade inata da criança para aprender. A curiosidade da criança faz com que ela investigue, explore e dimensione o mundo à sua volta. Mas essa autoeducação tem seu ritmo ditado pela própria criança, sem limites estanques de idade.

EDUCAÇÃO CÓSMICA: o educador deve levar o conhecimento à criança de modo organizado, assim como organizado é o cosmos. Essa organização ensina à criança que tudo e todos no universo têm sua função e que o ser humano deve estar consciente de seu papel na manutenção e melhora do mundo.

EDUCAÇÃO COMO CIÊNCIA: o professor deve atuar de modo científico, observando, criando hipóteses e teorias sobre cada aluno, podendo, assim, determinar qual a aproximação mais adequada para ele e, ainda, conseguindo avaliar a eficácia de seu trabalho no dia a dia.

AMBIENTE PREPARADO: local onde a criança desenvolverá sua autonomia, compreendendo os limites de sua liberdade. É totalmente formulado para o bem-estar da criança, criando facilidades operacionais (acesso, movimentação), e onde estarão à sua disposição materiais que a ajudem a se desenvolver.

ADULTO PREPARADO: é o nome dado ao profissional que auxilia a criança em seu desenvolvimento completo. É primordial que esse adulto tenha pleno conhecimento de todas as particularidades do desenvolvimento neuropsicomotor, a fim de que, utilizando as ferramentas do método Montessori, possa auxiliar a criança de todas as formas;

CRIANÇA EQUILIBRADA: é assim considerada toda criança que tem seu desenvolvimento natural. Em condições de ambiente preparado, assistidas por adulto preparado e com autonomia, descobrem seus limites e testam sua liberdade.

Maria Montessori dizia que era fácil avaliar a eficácia do método. Bastava ver a felicidade da criança. No início de seu trabalho extraordinário em prol das crianças com limitações, Maria estabeleceu regras segundo as quais as metas de educação seriam mais facilmente atingidas, divulgando-as em seu livro *A Criança*.

"As crianças são diferentes dos adultos e necessitam ser tratadas de modo diferente.

– A aprendizagem vem de dentro e é espontânea; a criança deve estar interessada em uma atividade para se sentir motivada.

– As crianças têm necessidade de ambiente infantil que possibilite brincar livremente, jogar e manusear materiais coloridos.

– As crianças amam a ordem.

– As crianças devem ter liberdade de escolha; por isso necessitam de material suficiente para que possam passar de uma atividade a outra, conforme o índice de interesse e de atenção o exija.

– *As crianças amam o silêncio.*
– *As crianças preferem trabalhar a brincar.*
– *As crianças amam a repetição.*
– *As crianças têm senso de dignidade pessoal, assim, não podemos esperar que façam exatamente o que mandamos.*
– *As crianças utilizam o meio que as cerca para se aperfeiçoar, enquanto os adultos usam a si mesmos para aperfeiçoar seu meio."*

Quem chega a uma sala de ensino Montessori costuma ver um caos organizado. Pode-se ver um grupo de crianças conversando, outro concentrado em silêncio, crianças sentadas e outras deitadas no chão. Isso reflete a liberdade tão enfatizada pelo método e são atitudes decorrentes de planejamento acurado. A criança é ouvida pelo professor que está presente como orientador das descobertas de cada aluno. Cabe-lhe, mais, pois ele é diretamente responsável pelo desenvolvimento espiritual da criança. Perceba: espiritual no sentido da liberdade de ser multidimensional e nunca no aspecto de religiosidade.

A beleza desse método está em se buscar o crescimento da criança em relação ao autoconhecimento, ao respeito ao direito e à liberdade alheios, ao reconhecimento do trabalho como dádiva e meio de aperfeiçoamento interior e da aproximação da criança com Deus.

Outro aspecto excepcional desse método é denominado de Linha e visa alcançar a máxima concentração interior, ao longo de cinco fases. Maria o desenvolveu observando como as crianças caminhavam na rua. Percebeu que as crianças preferiam andar sobre as linhas do trem ou na beira das calçadas e interpretou isso além da molequice peculiar aos pequenos, mas como meio de desenvolverem estabilidade e domínio sobre si mesmos. A emérita educadora desenhou uma linha circular, na sala de aula, onde as crianças deveriam andar, pé após pé. Inicialmente, a dificuldade foi grande, mas, com rapidez, tornaram-se seguras para a tarefa. A linha é trabalhada para despertar a consciência da criança, sendo constituída por cinco fases:

1) ATENÇÃO: é a fase em que o educador chama a atenção para si, por meio de gestos, por exemplo, das mãos. Melhor se não falar.

2) CONCENTRAÇÃO SEM ESFORÇO: é andar sobre a linha, sem esforço.

3) CONCENTRAÇÃO COM ESFORÇO: é a fase de se comandar o corpo mais profundamente, tendo-se a consciência dos espaços entre cada aluno sobre a linha de si mesmo. Por meio de comandos do professor, diferentes exercícios passam a ser executados, como andar para trás, usar apenas um pé, andar depressa ou executar tarefas do cotidiano, como mover cadeiras sem as arrastar, fechar porta sem bater.

4) DESCONCENTRAÇÃO: é a fase de manifestação da criança, com a liberdade de fazer o que sentir vontade, como pular e dançar. Nesses jogos, a personalidade da criança manifesta-se claramente.

5) RELAXAMENTO: momento de reunir as crianças em silêncio e recolhimento, sendo convidadas a ouvir o silêncio. Essa fase tem outras cinco subfases, que visam desenvolver o silêncio interior.

a) IMOBILIDADE TOTAL: ao final do exercício da linha, as crianças são convidadas a deitar e relaxar. Agora, pede-se-lhes que relaxem totalmente, assumindo uma posição gostosa.

b) OUVIR O RUÍDO DE FORA: a posição em que se encontra a criança já é um convite a se ouvir os sons externos do ambiente.

c) OUVIR SOMENTE O BARULHO PROVOCADO PELO PROFESSOR: normalmente, o professor produz sons baixos e ritmados.

d) OUVIR AS BATIDAS DO PRÓPRIO CORAÇÃO: no silêncio que se segue, a criança é orientada a ouvir as batidas de seu coração. Após alguns minutos mais, música relaxante é introduzida, com sons da natureza.

e) IMOBILIDADE E SILÊNCIO ABSOLUTO DO SER: se todos os passos foram seguidos, a criança encontra-se totalmente relaxada e calma. Algumas crianças chegam a dormir. Passada cerca de meia hora, as crianças são chamadas pelo nome, para que se sentem.

A partir daí, o professor pode introduzir um novo assunto, revisar algo já apresentado ou conversar sobre ética, moral, por exemplo, mas sempre de modo muito calmo. A linha visa desenvolver a disciplina, sendo que o professor, ao contrário do que ocorre nas aulas normais, deve ser o foco.

O método Montessori, portanto, valoriza o ser, a vida e a conexão com o plano superior. Em um momento tão materializado e rude como o que passamos, a busca de si mesmo, da compreensão de sua relação com o meio e a conexão com Deus é um caminho mais que adequado aos seres especiais que estão por aqui.

Para seres tão competitivos quanto os índigos, um método que não faça comparações, exceto do aluno com ele mesmo, é, ao mesmo tempo, um desafio que pode ser tão exasperante para a criança quanto um lenitivo para almas tão cansadas.

As Artes na Educação

Outro aspecto essencial à formação de índigos e cristais é a necessidade que essas crianças têm de música. Ainda que tenham aptidões para outras áreas da arte, na música essas almas se expandem mais facilmente. A manifestação da criatividade reduz as tensões peculiares aos índigos e amplia a sensação de paz nos cristais. A utilização do hemisfério cerebral direito sempre é salutar para todos os humanos.

Mas a música atua em nível atômico, através do princípio de ressonância, uma vez que tudo é onda. Assim, se de boa qualidade, é ferramenta essencial para a tranquilização da mente dos seres especiais, bem como para promoção de cura, tanto de processos físicos quanto emocionais e espirituais.

A música era usada na Atlântida como meio de cura e restabelecimento de saúde. As células reagem às vibrações harmônicas ou desarmônicas da música, como prova Massaro Emoto em seu estudo sobre como as moléculas de água reagem à presença de ondas, quer sejam sonoras ou emocionais, alterando seu comportamento químico e estrutura.

O limiar de excitabilidade de nosso cérebro, isto é, o nível mínimo para que um estímulo provoque uma resposta, é bem mais baixo em seres especiais. Ou seja, o efeito devastador para um corpo exposto ao som de um rock metálico, o que equivale a uma surra, é potencialmente destruidor para um cristal. Os índigos aguentam mais e, alguns, até buscam esse tipo de impacto para adormecerem suas consciências. Mas a música de boa qualidade, quer seja clássica, quer seja popular, tem a capacidade de sincronizar a mandala de cristais de apatita com vibrações superiores, fazendo com que ideias e ideais de Luz sejam assimilados.

Hoje, vivemos em um mundo de mensagens subliminares que visam manter a humanidade sob controle, evitando, assim, que aspirações superiores nos libertem dos padrões mesquinhos aos quais nos fizemos de escravos. Nas emissões da mídia, em CDs e, principalmente, nas músicas feitas para serem pirateadas pela internet, há um volume considerável de mensagens errôneas que induzem aos jovens o uso de drogas, o sexo irresponsável e se manterem na inutilidade. Na Segunda Guerra Mundial, Joseph Goebbels, ministro da propaganda nazista, em 1939, baixou um decreto que mudava a afinação de 432Hz para 440Hz. Por quê? A frequência 432 é perfeita, já que, segundo alguns especialistas, é a frequência do universo. Essa vibração sonora utiliza a fórmula PHI, conhecida como Regra de Ouro, que rege a vida, em todas as suas escalas. Encontra ressonância em nossos átomos, nas células, no batimento cardíaco, estimula o lado direito do cérebro, promove a síntese de serotonina. Os compositores clássicos compunham em 432Hz porque sabiam do poder da música nessa frequência. Os violinos Stradivarius têm o som superior aos demais porque são afinados nessa frequência.

Enquanto a frequência 440Hz é indutora de respostas do lado esquerdo do cérebro, produz síntese de noradrenalina, levando ao estresse, modula de modo sutil a pineal para sintonias inferiores. Este era e é o desejo das forças escuras que comandam o planeta. Hoje, mesmo se você ouvir Chopin, não o estará ouvindo na afinação em que suas belas obras foram feitas, mas naquela que não permite a completa assimilação por seu cérebro das vibrações de cura e expansão de consciência presentes no encadeamento das notas musicais. Isso é terrível, não? Imagine, então, o que acontece quando se ouve essas novas tendências musicais que focam em sexo, em desrespeito. Ritmos como funk, rap, rock metálico e similares são, explicitamente, viciantes e indutores de vibrações inferiores. Feitos para o domínio dos jovens e destruição de possibilidades de mudanças vindas pelas mentes dos índigos e cristais. Ritmos como axé, forró, sertanejo, que visam à sexualidade, estão na base da destruição moral que estamos vivendo no Brasil atualmente. Quando uma música paupérrima em conteúdo e arte como *"Ai! Se eu te pego"* torna-se hit mundial, temos de perguntar: onde foi que perdemos a consciência? Diversão inconsequente tem repercussões no inconsciente e cria mecanismos perigosos em nossas vidas, podendo nos levar a estados de distúrbios emocionais como depressão, síndrome do pânico, violência, etc.

Felizmente, o lado errado da força não atua livremente. As esferas de Luz deste planeta e seres extraplanetários que estão por aqui para proteger a humanidade de si mesma e garantir que o projeto da Nova Terra não seja destruído têm atuado, pontualmente, para garantir, pelo menos em determinados locais, a emissão de afinação em 432Hz. Por exemplo, os CDs de Margarete Áquila têm a afinação 432Hz. Alia-se esse detalhe ao talento de sua voz, e podemos entender, facilmente, porque choramos ao ouvi-la, nos sentimos leves, felizes e aconchegados. Felizmente, no mundo atual, muitas vozes já se levantam para que a afinação 432Hz volte a ser padrão.

Se você quiser compreender a diferença entre as duas frequências, use este link:

https://www.youtube.com/watch?v=P5ILuyaZIO4.

Vai ouvir a mesma melodia nas duas frequências. Perceba a diferença de sensações em você.

Se quiser ler mais sobre o assunto, este link é de um artigo muito bom:

http://www.collective-evolution.com/2013/12/21/heres-why-you-should-convert-your-music-to-432hz/

Importante, a música tibetana nunca deixou de ser afinada em 432Hz, até os chineses chegarem.

As crianças especiais se beneficiam muito de música de elevação, acalmando-se desde o útero materno. Na calma, produzem sonhos de um mundo melhor, recordando-se de sua origem real.

A aptidão artística deve ser, espontaneamente, manifesta porque sua indução, por parte de pais e professores, pode embotar a criatividade e o talento e espantá-las desse caminho.

Crianças especiais gostam muito de trabalhar com as mãos. Não precisam ser novos Gaudís, mas podem dar livre curso a suas mentes criativas se tiverem acesso a técnicas de jardinagem, marcenaria, escultura, tricô, etc.

Daí, o grande mérito de escolas com métodos Montessori e Waldorf: a atividade manual está sempre em destaque.

Finalizando este capítulo, é fundamental às crianças especiais para seu desenvolvimento amplo que elas sejam educadas por métodos que compreendam a existência de crianças diferentes como um novo passo da humanidade e não um problema a mais. Métodos nos quais desenvolver a criatividade seja tão importante quanto a compreensão de operações matemáticas e regras gramaticais. Métodos que priorizem a culturização da criança, em todas as formas de arte, que se preocupem com atividades físicas porque essas crianças têm muito mais energia para consumir com atividades junto à natureza. O respeito e a compreensão da alma dos animais e da dádiva dos vegetais é essencial para o futuro de realizações dessas crianças.

Exercícios de relaxamento com técnicas neurolinguísticas são muito bem aproveitados por essas crianças que têm enorme facilidade de projeção mental. Devemos sempre ter em conta que a inteligência espiritual deles é superior e eles costumam transitar multidimensionalmente com frequência. Aliás, essas crianças são dotadas de clarividência e costumam falar do que veem no plano espiritual.

Os pais não podem, simplesmente, descartar as informações sobre isso como se fosse apenas imaginação. As mentes devem estar abertas para o novo, que implica contatos com seres não tangíveis mas, nem por isso, irreais.

A competição deve ser evitada o máximo possível. Não a competição esportiva que, bem dirigida, educa mas aquela em que as crianças se veem projetadas para que os pais se sintam mais felizes.

Sobretudo, é essencial que o foco espiritual, com o conhecimento de que existe uma Fonte Criadora, de que apesar do aparente caos, há uma força de amor e harmonia contemplando a todos os seres de todos os reinos, de todos os planetas, esteja presente na educação desses seres especiais. O nome do dogma religioso não tem relevância, mas o princípio moral, sim. O contato de índigos e cristais com o espiritual é sempre um alívio e um amparo para eles.

Capítulo 9

Convivendo com esses Seres Especiais – Missão dos Adultos de Hoje: Refazer a Família

ONDE ESTÁ O MANUAL DE INSTRUÇÕES?????
Já se sentiu assim quanto a seus filhos?
Ser pai ou mãe é uma missão de alto risco porque não existe um manual de instruções e o aprendizado é empírico. Infelizmente, poucos são os humanos da Terra que aprendem com as experiências alheias. Assim, os conflitos são mais usuais que a paz. Conflitos entre gerações e dentro de todos os corações. Estamos muito aferrados a paradigmas e, por mais que desejemos crer que somos liberais, são os milênios de vivência que comandam nossas atitudes e pensares. Nossas referências nos indicam caminhos que, aparentemente, são mais seguros, nascidos de crenças que formam o campo morfogenético de nossa espécie.

Quando eu era criança, ouvia de minha avó: "leite com melancia mata; leite com manga mata; se comer e tomar banho ou nadar, o sangue sobe para a cabeça e você morre; mulher não pode lavar a cabeça durante o ciclo menstrual porque dá suspensão e ela enlouquece".

Crendices populares nascidas de casos que podem ter acontecido e foram tomados como lei. Isso não quer dizer que são norma. Nunca comi melancia com leite porque acho que não combinam, mas as demais situações experimentei e, acreditem, ainda estou por aqui. Ao lê-las, sorrimos, crendo que jamais nos deixaríamos comandar por tais tolices. Será que não? Esse tipo de aprendizado atua em nível inconsciente e, na maioria das vezes, nem percebemos que os seguimos. Mas os repassamos para nossa descendência da mesma forma como recebemos de nossos ancestrais. Claro que o tempo e o conhecimento alteram esses conceitos arcaicos, mas, até que novos paradigmas se estabeleçam, os velhos reinam. Então, inconscientemente, transmitimos aos nossos filhos o modo com que fomos criados. Representa nossa zona de conforto e sempre optamos por estar seguros.

O campo morfogenético foi conceituado por Rupert Sheldrake. Em um experimento, foram observados dois bandos de macacos da mesma espécie. Para ambos, eram jogadas diariamente batatas que caíam na areia, sendo comidas pelos primatas. Um dia, um deles lavou a batata antes de a comer. Por imitação, característica peculiar aos animais e aos humanos, os macacos desse bando passaram, progressivamente, a lavar suas batatas antes de comer. O outro bando não tinha contato visual com este primeiro. A cada dia um ou mais novos macacos começavam a lavar suas batatas até que se atingiu o que Sheldrake definiu como massa crítica, ou seja, maioria simples. Nesse dia, macacos do outro bando começaram a lavar suas batatas. Isso ocorre porque a sintonia genética peculiar a uma espécie é vibracional e transmite-se através de ondas mentais que são assimiladas por neurônios específicos, da mesma espécie, que atuam como gerentes de comportamento. Outro exemplo de campo morfogenético pode ser visto na Europa, mais especificamente em Portugal e Espanha, com as cegonhas. Esses grandes seres alados, com a destruição das matas, perderam os locais onde, milenarmente, faziam seus ninhos. A opção encontrada por elas foi usar campanários e torres de transmissão. Não foi conversando que isso se tornou um hábito para elas. Foi através do campo morfogenético. Os próprios pardais em nossas cidades que, privados de árvores, passaram a usar os canos ocos de sinaleiros para fazer seus ninhos. O mesmo se dá conosco, humanos. Isso significa que, quando a massa crítica é atingida, toda a espécie passa a agir de modo similar. Valem-se desse conhecimento as forças da Luz e da escuridão.

Hoje, vemos confusão por parte de pais e educadores em relação às crianças diferentes. Mesmo psicopedagogos e pedagogos começam a realizar estudos mais profundos sobre o assunto, o que significa que estamos perto de atingir a massa crítica do conhecimento de que esses seres existem de fato. Afinal, nas escolas eles são evidentes, contundentes e divergentes do contexto conhecido.

As gerações de crianças índigo e cristais nascidas a partir dos anos 1980 chegaram em um momento em que as famílias já tinham perdido espaço de convivência para pais ausentes por causa de seus empregos, cuja meta era ter mais conforto, melhores condições de vida. Pais e mães dedicados a produzir bens materiais, ao mesmo tempo que negligenciavam a vida em família. Perdas de difícil reparo para seres tão imaturos quanto somos. Para agravar a situação, nasceram na era da informática, que alienou ainda mais a moçada de mente acelerada. O fumo se tornou porta de entrada para o alcoolismo, e este para as drogas. Nos anos 1970 e início dos 1980, em uma turma, quem usasse drogas era o *outsider*. Atualmente, quem não usa é o "alienígena". Nossos jovens começam o dia às 22 horas, quando saem para baladas ou barzinhos. Não existe acordar cedo, mas apenas o dormir cedo. Se a televisão substituiu a conversa familiar às refeições, os computadores, *tablets* e celulares substituíram abraços, o compartilhar de momentos, de problemas e de alegrias, trocas emocionais e até pessoas porque, hoje, os jovens têm amigos virtuais já que não querem compromissos, nem risco de terem feridos seus sentimentos. Os índigos temem ser feridos.

Em um restaurante, recentemente, presenciei uma família reunida para o almoço de domingo. Eram os pais na casa dos 50 anos e três filhos adolescentes. As bocas só se abriam para massas e saladas. Mas todos os olhares dos filhos estavam voltados para seus *Iphones*. Até cheguei a pensar que os pais iriam conversar, mas o celular do pai tocou e ele, também, foi "embora" da mesa da família. Fiquei com pena da mãe, ali, abandonada, tendo apenas as alfaces para conversar, mas o celular dela tocou e lá ficaram as pobres alfacinhas abandonadas.

Será que nenhum deles tinha nada a ser compartilhado com os demais membros da família? O que os unia, além do sobrenome? Deve ter havido uma época em que as crianças eram pequenas e as refeições eram uma alegre confusão. Pelo menos, assim espero. Mas isso foi perdido em uma troca insana por bit e bites. Será que essa família é exceção ou triste regra atual? Margarete Áquila, amigos e eu estávamos em um rodízio de pizza muito gostoso e familiar, próximo à Casa do

Consolador, entidade filantrópica que fundei há 25 anos. Na mesa ao nosso lado, estava uma família de mulheres. Provavelmente, a mãe e as filhas porque eram muito parecidas. Infelizmente, a pizzaria tem várias televisões modernas nas paredes. Não me lembro que programa estava em foco, mas era um desses que nada acrescenta, só que todas elas comiam sem tirar os olhos da bendita televisão.

Nenhuma delas era adolescente. Nenhuma palavra foi trocada.

Esse triste panorama está se expandindo para além das famílias. Atualmente, o *boom* imobiliário está produzindo condomínios clubes com todas as facilidades desejadas, como academias, salão de festas, espaço gourmet e metragens de 48, 50 ou, no máximo, 60 metros quadrados. Um dormitório e um escritório que pode ser convertido em um outro dormitório, apenas um banheiro, etc. Que tipo de família cabe nesse espaço? A família de uma pessoa ou no máximo duas. Ou seja, o mercado imobiliário está investindo em pessoas sozinhas, solteiras ou divorciadas. Pessoas que podem ter companhias passageiras que têm suas próprias casas. Será esse o futuro que nos espera? Cada um de nós vivendo isolados, solitários e "seguros"?

Índigos adorariam essa ideia. Cristais odiariam. Os primeiros preferem a solidão porque se sentem seguros com ela. Os segundos precisam de pessoas a quem abraçar, amar, brincar.

Então, como devem proceder os pais para que não se percam essas crianças especiais? Como já disse, não há manual de instruções nem fórmulas perfeitas, porque deveriam existir uma para cada família, com suas peculiaridades. Mas existem pontos essenciais e que estão presentes na maioria das famílias.

Da educação autoritária que não ouvia os filhos, submetendo-os com ordens e autoridade paterna, chegou-se a uma liberdade total, em que os filhos ignoram, completamente, os direitos alheios. Ou seja, fomos de limites estreitos à perda total deles. Mas conhecer seus limites é uma das maiores ferramentas que a criança pode ter para ser feliz. Os limites devem ser ensinados com lucidez e explicações sobre sua necessidade, a partir dos bebês.

Já na primeira infância a criança deve aprender a conviver em sociedade, a respeitar o direito alheio, a ser ética e ter princípios morais e a preservar a Natureza. A pré-escola deve servir para isso. Não que seja necessário à criança frequentar o jardim de infância e o pré-primário porque esses conceitos podem ser transmitidos em casa. Atualmente, muitas avós são as cuidadoras de crianças pré-escolares e vão transmitir os mesmos conceitos que deram a seus filhos. Também babás assumem esse papel de cuidar e, portanto, educar a criança. É difícil para os pais assumirem as rédeas porque não estão presentes e, comumente, vemos pais indignados porque acreditam que a função de educar e ensinar os limites a seus filhos cabe aos professores dos mesmos, mas a estes cabe dar formação cultural. Ao serem confrontados com reclamações sobre suas crianças, revoltam-se e culpam os mestres das mesmas. Comportamento-padrão e superficial de pessoas que não querem se responsabilizar como deveriam.

A educação começa em casa. Nada mais verdadeiro e, atualmente, mais incorreto. As crianças aprendem, observando. Se elas ouvem dos pais que não devem falar palavrões, mas os escutam emitindo tais palavras, vão se sentir liberadas para os dizer, também. Colar nas provas é errado e os pais querem evitar que seu filho faça essa corrupção. Mas compram DVDs piratas. Isso também é corrupção. O que foi ensinado, então? Os adultos que são responsáveis por crianças devem estar muito conscientes de seu papel de ser exemplo para as mesmas. A história do "faça o que eu digo mas não o que faço" é, altamente, responsável pela destruição dos jovens de hoje.

Os filhos precisam ter a certeza de que podem contar com seus pais, não como cúmplices, mas como apoiadores, cuidadores e amigos. Os pais precisam deixar claro, por meio de ações, que amam, compreendem, se interessam por tudo o que a criança faz ou diz. A dúvida dos pequenos levará a adolescentes que procuram fugas em drogas e más amizades, em um ato de rebeldia inconsciente contra o abandono moral que sentem ter recebido. Claro que muitos jovens-problema tiveram pais maravilhosos e, ainda assim, procuram meios ruins. Mas estes são espíritos mais problemáticos que não aproveitaram o que receberam.

Os adultos costumam ver as crianças como um ser que não sabe das coisas, que precisa ser preparado para a vida. Mas a criança é um espírito adulto em corpo infantil. Seus potenciais vêm sendo desenvolvidos ou embotados há milênios. A percepção desse fato muda completamente o caminho de educá-las. Não são seres que nada sabem. São seres que sabem diferentes coisas e estão reaprendendo a trabalhar com elas. O que elas dizem e fazem retrata esse íntimo desconhecido e que deve ser, cuidadosa e carinhosamente, estudado pelos pais. É preciso que o adulto controle seu ego e não se enraiveça ou magoe com agressões físicas ou verbais por parte das crianças. Deve, sim, deixar claro que tal ato é desnecessário e errado, mas sem o envolvimento de emoções que o façam a agir de modo impensado. O adulto nunca pode perder o controle da situação, embora as crianças saibam como tirá-los do equilíbrio. Em um confronto, o adulto deve respirar profundamente, algumas vezes, para se controlar. A fala em voz baixa atinge muito mais o pequeno que gritos e agressões físicas. Nada pior que sentir o desprezo dos pais. O afastamento que evidencia o quanto o adulto foi ferido pelo gesto da criança é um ótimo educador.

As crianças esperam que seus pais sejam seguros, firmes, justos. Que assumam as responsabilidades por seus filhos, os protejam, os respeitem, os ouçam, brinquem com eles. Mas precisam ter limites, responsabilidades e aprender normas sociomorais de comportamento. Ensinar os limites, ao contrário do que muitos pais pensam, dá à criança sensação de segurança, de que está sendo cuidada.

No dia a dia, existem situações em que pais e filhos entram em disputa de poder. O adulto acaba se esquecendo que é o comandante e entra no jogo da criança, perdendo o controle sobre a situação e, muitas vezes, sobre si mesmo. A criança sempre procura medir seu espaço, mas não por rivalidade, e sim porque está aprendendo a viver em grupo. Mormente no que tange a índigos e cristais, esse fato é mais evidente porque esses seres são altamente manipuladores e intuitivos. São como antenas captadoras de todas as ondas ambientais e seus cérebros parecem computadores tamanha rapidez com que processam as informações. Assim, em uma disputa, se o adulto perder o controle, assumem o comando.

Hoje, vemos muitas crianças literalmente comandando a família, que gira em torno delas. Usam o mecanismo que descobrem ser o mais eficaz para controlar a todos. Seja birra, seja simpatia. Muitos casais jovens são reféns emocionais de seus seres especiais e o casamento acaba. É preciso que os adultos estejam atentos e não se permitam ser conduzidos pelos filhos, em uma situação de conflito.

Por mais talentosas que sejam, essas crianças são, ainda, crianças. Querem ser respeitadas mas precisam, também, ser tratadas como crianças. Daí a necessidade premente de uma nova psicologia e pedagogia desenvolvidas para esses seres cuja missão é mudar o mundo. Seres que vieram preparar a humanidade para uma nova organização neurossensorial, desenvolver o cérebro de modo a que a nova raça humana encontre o berço genético que necessita para se estabelecer, já que será formada por Espíritos de maior escol.

Piaget, ao desenvolver a teoria do construtivismo, retratou bem o que ocorre. Essa teoria ensina que a relação entre o sujeito (quem aprende) e o objeto (o que se aprende) ocorre por adaptação, processo contínuo de assimilação e acomodação com o novo conteúdo. O construtivismo ocorre por meio do contínuo assimilar de coisas novas e se acomodar com esse aprendizado que, portanto, nunca termina, porque novos níveis de conhecimento estão sempre sendo construídos pela interação do sujeito com o meio. É o que a neurociência chama de estabelecer novas redes neuronais, que surgem no cérebro a cada aprendizado feito, ampliando a capacidade cognitiva e analítica do indivíduo. O estabelecimento dessas redes neuronais é que tem a capacidade de alterar o campo morfogenético da espécie.

Se for perguntado a qualquer pai o que quer para seu filho, a resposta será: "o melhor". Mas, se perguntado o que está sendo feito para isso, ouviremos que ele está dando tudo o que lhe é possível: escolas boas, cursos de tudo o que se imaginar, passeios. Claro, tudo isso depende do poder econômico da família. Mas o que os pais devem dar a seus filhos é a possibilidade de que estes desenvolvam, ao máximo, seus potenciais. Se a boa criação só tiver coluna forte nas condições financeiras, estamos decretando que as crianças nascidas em comunidades estão fadadas ao fracasso e isso está longe de ser verdade. Naturalmente, existe uma enorme diferença entre se estudar em uma escola particular de excelência no ensino ou em uma escola pública de professor desmotivado e mal preparado. Mas a mente do aluno pode mudar toda essa trajetória. Se a criança da escola particular não gostar de estudar, nada do que lhe é oferecido será assimilado ou lhe será útil, no futuro. Se a criança da escola pública gostar de estudar, o céu será seu limite. Não usemos, aqui, os óculos de Pollyana que veem tudo cor-de-rosa. Mas não menosprezemos as possibilidades de Espíritos especiais.

A comunicação dos pais com seus filhos deve ser a mais clara possível. Sem meias palavras ou sentidos subentendidos. A criança se sente mais segura assim. Índigos são sempre desconfiados e pressupõem demais. Então, o que não está claro pode causar conflitos desnecessários e inseguranças que trarão problemas no futuro. Os cristais são muito atentos com o que ouvem, mas sintonizam ainda mais com as energias do momento. Então, fazem a leitura das palavras não ditas. Por isso, a comunicação tem de ser muito direta, carinhosa e firme, de acordo com as circunstâncias.

Devemos nos lembrar de que comunicação não se dá apenas por palavras. A linguagem corporal é tão eloquente quanto elas. Crianças especiais como índigos e cristais têm uma perspectiva global do que as envolve e analisam gestos e palavras com o mesmo peso. Além disso, os cristais são telepatas e captam as ondas mentais. Por isso, a verdade é essencial.

Pedi à mãe de uma paciente, da comunidade que atendo, que desse, no próprio dia da consulta, a vacina que era necessária. Ouvi dela o seguinte: "Eu disse à minha filha que, hoje, ela não tomaria injeção. Então, eu venho em outro dia, porque mãe não pode mentir".

Fabuloso conceito, não? Isso mantém a credibilidade da mãe junto à filha, essencial para o relacionamento delas. A menina sabe que sempre poderá acreditar na mãe, sentindo segurança, confiança. Exatamente o que as crianças precisam. A atitude do adulto sempre mostrará o caminho à criança.

As crianças índigos e cristais, assim como todas as demais, precisam da família. Para apoio, para aprendizado, para o desenvolvimento de suas personalidades, para ter uma base sólida para seu futuro.

É preciso que pais e mães se conscientizem da premente necessidade de reconstruir a família, célula base da sociedade, onde valores morais são transmitidos e dores e amores compartilhados. A destruição das famílias é a principal causa do caos social que estamos vivendo.

Para que índigos e cristais possam realizar suas missões, as famílias precisam estar refeitas. A riqueza que temos não está no que possuímos, mas em quem somos, e a diferença em prol do Bem Maior que possamos fazer.

Sugiro uma experiência que tenho ensinado em algumas palestras minhas sobre família: um dia por semana, à noite, as luzes sejam apagadas, os celulares sejam desligados e nenhum tipo de computador seja ligado. O jantar à luz de velas pode ser temático, tipo cachorro-quente com tudo o que se tem direito, feito em casa, com a cooperação de todos, e que a conversa seja estimulada. Nada de pressa. Que o jantar demore pelo menos duas horas. Jogos de tabuleiro, como aqueles de quiz, podem ser diversão após o jantar. No princípio, a adesão de bom humor será desmotivante, mas o resultado da primeira "noite dos filhos" ensejará novas reuniões. Tente! Você pode se surpreender com o resultado.

Jogos eletrônicos

É essencial que os pais conheçam os jogos eletrônicos de seus filhos. Esses "brinquedos" induzem à violência, ao menosprezo quanto à vida e ensinam a destruir animais e homens. Mesmos os que parecem mais inocentes contêm conteúdo destrutivo. Antes de dar esse tipo de presente a seus filhos, estudem cuidadosamente. Por exemplo o *"BOB THE ROBBER"*, em que o personagem é ladrão desde pequeno, tirando dos ricos para dar aos pobres. O jogador é levado a cometer crimes contra casas e bancos. Mas há jogos piores, nos quais o jogador tem de roubar e matar pessoas para vencer. Mas se for pego e morto, com a tela sendo banhada de sangue, não tem importância porque o jogador tem outras vidas.

O que esses joguinhos ensinam? A arte de ser esperto, violento, criminoso e feroz. "Odeie seus inimigos!", é a frase de um deles.

O volume de mensagens subliminares é grande, tenham certeza. Existem jogos interessantes e bons que divertem e educam. Estes são bons parceiros de seus filhos.

Felizes fomos nós que tínhamos historinhas infantis de bruxas e fadas para nos entreter.

Capítulo 10

Sou Índigo? Sou Cristal? E Isso é Fundamental?

Todos nós queremos ser especiais. Eleitos, se assim preferirem. Na Casa do Consolador, temos um grupo de estudos, mensal, dedicado ao tema ufológico, denominado Contatados, que reúne pessoas simpatizantes com o tema e pessoas que foram abduzidas ou contatadas. Como é um trabalho aberto e gratuito, porque assim são as coisas na entidade filantrópica, sempre aparecem pessoas curiosas mas sem afinidade ou conhecimento do assunto. Em um desses encontros, uma senhora desconhecida para nós sentou-se na primeira fila. Estávamos falando de contatados e sua missão e ela me cortou perguntando se esses eram os eleitos. Respondi que não existem eleitos, exceto políticos. Mas ela não se conformou porque queria saber quem eram os eleitos. Os eleitos da Bíblia. Francamente, não os conheço.

Os jovens vestem-se como membros de tribos. Bonés de lado, casacos de moletom com capuz, piercings, tatuagens compõe o figurino de grupos e ideologias. Eles precisam se identificar para se sentirem mais fortes. De vez em quando, a gente vê uma garota com cabelo verde ou rosa. Essa quer se destacar. Tem coragem para ser diferente. Consegue chamar a atenção.

Mas, mesmo sendo semelhantes a milhões de outros seres humanos, somos únicos. Contudo, nosso ego precisa crer que é especial. E de fato, cada um de nós é essencial, porque se não existíssemos o Universo não seria o mesmo, já que ele é formado pelas telas mentais de cada ser vivente, com suas escolhas que geram reações, tecendo malhas energéticas que se entrelaçam com outras.

Isso é a vida na amplitude da eternidade. Não foi à toa que Jesus disse: *"Vós sois deuses. Quando acreditarem nisso, farão o que eu faço e muito mais".*

Somos os únicos responsáveis por nossas vidas. Tudo o que nos ocorreu, ocorre e ocorrerá depende única e exclusivamente de nossas escolhas. Tendemos a culpar os outros por nossos infortúnios porque é oneroso demais a nossos egos aceitar a responsabilidade por nosso sofrimento. Mas, quando se trata de sucessos, assumimos facilmente a autoria.

Isso se dá porque somos, ainda, seres muito imaturos, verdadeiras crianças cósmicas, apesar de já estarmos nos manifestando como seres inteligentes há muitos e muitos milênios e, quiçá, em diversos planetas deste universo. Se olharmos para a frente, em relação ao que ainda temos de evoluir para sermos Espíritos perfeitos, vamos desanimar porque está, em proporção estelar, longe demais. Mas se olharmos para trás, analisando o que já, potencialmente, fomos, tomaremos a consciência de que, hoje, é-nos impossível matar por poder, ou ódio, ou descaso com a vida. É-nos impossível roubar o que for de outrem. É-nos impossível tramar a destruição de alguém, inimigo nosso. Mas ainda nos é bem possível difamar, fofocar, mentir, corromper, manipular, invejar, etc.

Então, é natural que muitas pessoas queiram ser índigos ou cristais. Afinal, a estes é dada uma importância maior. Mas como saber o que são?

A soma das características é que indica o padrão energético de todos os seres.

Então, analise-se, de acordo com o que foi descrito para cada um.

Índigos

- Líderes natos
- Impõem-se como líderes
- Inconstantes emocionalmente
- Inseguros
- Capazes de grandes gestos e de grandes erros
- Enorme capacidade de transformar o meio
- Carismáticos
- Inteligência racional acima da média

- Paranormalidade
- Apreciam a solidão, mas vivem bem em grupo
- Creem na força da inteligência

Cristais

- Líderes natos
- São escolhidos como líderes
- Constantes emocionalmente
- Seguros de si
- Capazes de grandes gestos
- Compreensivos
- Agregadores
- Acolhedores
- Paranormalidade
- Creem na força do amor

Existem índigos que estão se tornando cristais porque lograram conseguir, por intermédio do do autoconhecimento, um controle maior sobre suas emoções. Assim como existem seres normais que, pela prática de suas habilidades e, principalmente, pelo Bem que fazem, mudando o meio, alteram a coloração de sua aura para índigo.

A única coisa, realmente importante é ser útil, querer ser útil e lutar para que a fraternidade se torne o ar que respiramos na Terra.

Valemos pelo que fazemos de bom, pela luta por sermos melhores, pela obrigatória busca para sabermos quem somos de fato.

Não existem eleitos. Existem seres que se sentem responsáveis por auxiliar a Terra e os seres que aqui se manifestam.

Muitos são os caminhos, enquanto a meta é apenas uma: evoluir, sejamos índigos, cristais, amarelos, verdes, azuis, rosas, lilases, etc.

Não podemos perder qualquer oportunidade de sermos úteis, de fazermos o Bem, de combatermos o mal que existe em nós.

A nova humanidade será composta por índigos e cristais mas, também, por seres de outras cores cujo coração estiver já sintonizado com a lei da fraternidade.

Capítulo 11

Nova Terra

Vivemos momentos críticos na Terra, atualmente, onde o caos se impõe à ordem, o mal, aparentemente, triunfa sobre o Bem, imperam o medo e o egoísmo. Vivemos os estertores de um planeta, vibracionalmente, de expiação e provas. Para falarmos da Nova Terra, precisamos entender a Terra de hoje.

Em 2011 e 2012, Margarete Áquila e eu fomos convidadas inúmeras vezes para falar sobre 22 de dezembro de 2012 quando, segundo interpretações das profecias maias, aconteceria o fim do mundo. Em alguns lugares, quando dizíamos que nada iria ocorrer, provocávamos revolta, porque as pessoas ansiavam por algo catastrófico. Bem, nada aconteceu mesmo.

Mas mudanças são necessárias e acontecerão. Catastróficas? Em que nível é que deve-se perguntar por que terremotos, *tsunamis* e outras tragédias já estão ocorrendo dentro das pessoas. Haverá catástrofe maior do que um tsunami emocional, daqueles que nos deixam sem rumo, devastados?

Historicamente, a humanidade passa por ciclos que se repetem. Hoje, a perda do medo de fazer o errado, o poder sendo exercido pela força, o menosprezo da verdade, a corrupção em todos os níveis, a violência brutal contra os animais e contra mulheres e crianças lembram, em volume muito maior porque somos mais de 7 bilhões encarnados, a Idade Média, também conhecida como Era das Trevas. Se sintonizarmos a TV em um telejornal ou lermos jornais e revistas, teremos acesso a notícias sobre crimes e corrupções. Raramente uma ação caridosa é retratada. Afinal, isso não atrai popularidade. As pessoas gostam de ver sangue e isso fica claro quando passamos por um acidente de maior vulto, principalmente se houver vítima: os carros quase param para que se possa apreciar o "show". Existe uma deturpação da informação a fim de nos fazer crer que a maioria da humanidade é composta por seres muito atrasados, induzindo-nos a não buscar a melhora interior. Da mesma forma como nos são passadas ideias subliminares de que a felicidade está na riqueza e que devemos ter muitas coisas como carros do ano, casas de veraneio, roupas de grife, mais sapatos do que podemos usar, celulares com mil e uma funções embora o nosso seja novo, e por aí vai. Assim como na Idade Média o povo analfabeto vivia refém da religião e da nobreza, hoje vivemos reféns da informação eletrônica. Importa ter e não ser alguém melhor, e esses são os conceitos subliminares que passamos para nossos jovens e crianças.

A Terra é nosso lar cósmico, atualmente. Digo atualmente porque é impossível dizer de onde viemos. No *Livro dos Espíritos*, existem cerca de 22 perguntas feitas por Allan Kardec à Egrégora Espírito da Verdade sobre a vida em outros planetas, em 1856! Em uma delas, ele pergunta se existem seres de outros planetas encarnados na Terra e a resposta é fascinante: "É muito pouco provável que qualquer um de vós, agora, sejais Espíritos evolucionários primários da Terra". Ou seja, somos todos extraterrestres!

É pensamento lógico que não existe vida apenas na Terra. Vivemos em um universo repleto de galáxias. A ciência estima que, em uma galáxia, existem de 200 a 400 bilhões de sóis e estes podem estar acompanhados de planetas, como nosso sistema solar. Ora, em 200 ou 400 ou mais bilhões de planetas em uma única galáxia, não é possível que exista vida inteligente apenas na Terra, é? E nem todas as formas de vida são dependentes dos mesmos elementos que nós. Isso também é uma das respostas do *Livro dos Espíritos*. Em outra pergunta, Kardec questiona se mudamos de planeta, ao longo de nossa jornada evolutiva e recebe a resposta de que: "sim, podeis encarnar em diferentes mundos para aprender".

Então, que sejamos viajantes das estrelas, mas, no momento, temos este planeta por lar e o estamos destruindo pela ganância, pelo egoísmo e pela ignorância. De modo inconsequente e inconsciente em alguns níveis, mas proposital em outros. Lembram-se do Acordo de Kyoto, quando países de todos os continentes se reuniram para estabelecer metas de crescimento que poupassem o planeta, em virtude da constatação do efeito estufa e do aquecimento global? Foi acordado e assinado por quase todos os países, com exceção de Estados Unidos e China, o valor máximo de emissões de gás carbônico, evitando, assim, um agravamento da situação atmosférica. Mas foi permitido que um país vendesse sua cota a outro. O Brasil vende parte de sua cota ao Canadá, por exemplo. Ou vendia, porque não se consegue essa informação atualizada em qualquer site governamental ou da própria ONU. Isso nos coloca como um dos principais responsáveis pelo efeito estufa porque, em que pese nosso pobre parque industrial, temos milhões de acres de queimadas assassinas no país, e a destruição da Amazônia por especuladores travestidos de agricultores concorre para uma rápida destruição da atmosfera planetária. Estamos matando o Brasil.

A água, em poucos anos, será mais preciosa que o petróleo, e quem a tiver comandará o mundo. O Brasil possui uma das maiores bacias hidrográficas do planeta e compartilhamos o Aquífero Guarani com outros países da América do Sul. Não deveríamos ter problemas com a água. Mas os desmandos de nossos governantes e a ignorância da população nos colocam, hoje, em uma situação de alto risco. Todos conhecem as agruras do povo nordestino com a falta de água no sertão. Logicamente, existe uma motivação política torpe na manutenção desse sofrimento, mas o Nordeste já está se tornando um deserto. A Jordânia é o país de menor quantidade de água do planeta. Em uma viagem de norte a sul por lá, passamos horas vendo terras desérticas, onde muito pouca coisa pode ser cultivada. Os nômades conhecidos como beduínos são pastores de ovelhas e cabras, vivendo em tendas ou pequenas casas de posse transitória. É uma vida impossível para nós ocidentais, acostumados com água e a fartura que esta traz. Mas a água vai acabar. O ano de 2014 apresentou um grave problema com abastecimento de água em várias cidades do estado de São Paulo. O manancial da Cantareira, destruído por construções irregulares sob o olhar complacente das prefeituras, naquele verão de estiagem, bateu recordes diários de nível baixo. Especialistas da área advertiram que a bacia do Rio Paraíba, a principal do estado, estaria seca em oito meses, destruindo a flora e a fauna alimentadas por ela. Mas o governo toma atitudes ineficazes porque um racionamento prolongado seria problemático em ano eleitoral. Como assim?! O governo federal decidiu ajudar os nordestinos, quanto às secas, promovendo a transposição do Rio São Francisco. Isso mesmo, o Velho Chico vai ser assassinado. A flora, a fauna e as pessoas que dele dependem da forma sábia como a Natureza o construiu vão sofrer e desaparecer. E o problema de seca não será resolvido, mas bilhões de dólares vão preencher bolsos corruptos. Como assim?! A poluição das águas dos rios e dos oceanos mata a vida, sem chance de retorno, sem altos investimentos que nunca são feitos na hora certa. Você despeja restos alimentares na pia? Óleo, azeite? Então, está fazendo sua parte para poluir a água. Sua geladeira não fecha bem? Você usa aerossóis? Então, está fazendo sua parte para destruir a camada de ozônio. Lembra-se daquele cheirinho gostoso depois da chuva? Nunca mais vai senti-lo porque era o ozônio que já não existe como antes. Quanto ao óleo ou azeite, despeje em uma garrafa pet e o entregue onde esse material é coletado. Existem ONGS e cooperativas que recolhem e o utilizam para fazer sabão. Até em casa pode ser feito, facilmente.

Todos, ou quase todos, desperdiçam água. É a torneira aberta para se escovar os dentes, a torneira aberta enquanto se lava a louça, a mangueira varrendo o chão, a mangueira aberta enquanto se lava o carro, o banho prolongado, pegar água para beber além da sede do momento. A água que vai pelo cano não volta, não. Também somos responsáveis e temos de fazer nossa parte para salvar o planeta. Isso é vital como nunca antes foi. Poupar água é salvar a vida.

Se olharmos para fotos de satélite da Groenlândia, constataremos que o degelo está acelerado. Não é apenas a extinção dos ursos brancos que aflige, mas a elevação do nível dos oceanos, o esfriamento de suas águas alterando o ecossistema marinho. Em Ushuaia, na Patagonia argentina, a "Terra do Fim do Mundo", um biólogo me disse que pesquisadores ambientais monitoram tudo o que lá acontece porque, graças à sua posição geográfica, a Terra do Fogo é sempre o primeiro ponto das alterações do planeta. Ele diz que a destruição da atmosfera faz com que os raios solares tenham a incidência alterada e sua radiação é altamente prejudicial às córneas. Cientistas alemães, em 2008, estavam desenvolvendo lentes especiais para serem usadas por crianças e adolescentes de lá a fim de proteger seus olhos.

Se esses fatos não são catástrofes, são o quê?

O dia ainda tem 24 horas? No relógio, sim, mas temos a clara impressão de que os dias estão mais curtos, não é? Existe um trabalho científico feito no Japão sobre isso e foi constatado que as horas estão mesmo mais curtas. Tudo na Terra está acelerando e as estações do ano deixam isso evidente. As quaresmeiras floriam em abril, lembram-se? Atualmente, já começam a florir em janeiro ou fevereiro. As flores de maio e as de outubro perderam o calendário e dão maravilhosas flores em março ou abril, em agosto ou setembro. Por quê?

Você já ouviu falar da Ressonância de Schumann? A Terra é cercada por um campo eletromagnético, situado entre a crosta terrestre e a ionosfera, gerada a partir de relâmpagos, sendo como uma cavidade onde ressonam a ondas eletromagnéticas que podem ser consideradas como uma onda que se propaga em linha reta. Tem uma frequência mais ou menos constante porque varia no ciclo dia-noite, na faixa de 7,83 Hz, sendo considerada o MARCA-PASSO planetário, responsável pela biosfera. A partir dos anos 1990, os cientistas começaram a averiguar um acelerar constante dessa camada da atmosfera, registrando frequências de 11 a 13 Hz, o que tem provocado desequilíbrio climático e alterações no comportamento dos seres vivos. Afinal, estes são antenas parabólicas que captam todas as ondas e, igualmente, geradores de ondas. Vamos nos ater aos hominais quanto a isso.

O cérebro humano emite ondas que podem ser medidas através do eletroencefalograma, EEG, muito utilizado para detectar doenças cerebrais como epilepsia, por exemplo. Essas ondas são caracterizadas por frequências específicas e se apresentam em momentos diferentes de nossa consciência:

ONDAS BETA: são ondas de 15 a 40 Hz, características do estado de vigília.

ONDAS ALFA: são ondas de 9 a 14 Hz, emitidas em estado de relaxamento e reflexão. São as ondas que emitimos quando estamos sonolentos. É o momento máximo de aprendizado e captação de ideias.

ONDAS THETA: são ondas de 5 a 8 Hz, sendo as ondas do "piloto automático". De quando estamos realizando tarefas mecânicas que independem de comandos ativos porque estão assimiladas no sistema extrapiramidal do cérebro. Por exemplo, dirigir, andar de bicicleta. Estão presentes, também, nos estados de sonho conhecidos como comum ou mentais (que são aqueles onde a mente está presa dos problemas ou emoções vividas em período curto) e reflexivos ou de recordação (que são aqueles em que vivenciamos, de novo, fatos do passado distante ou recente).

ONDAS DELTA: são ondas de 1,5 a 4 Hz, emitidas no sono profundo, quando o perispírito está totalmente projetado fora do corpo, sendo características dos sonhos verdadeiros ou de intercâmbio (que são nossas vivências fora do corpo).

Aliás, quero deixar claro que todo mundo sonha, até mesmo os animais, porque desdobramos naturalmente. Infelizmente, apenas alguns conseguem se projetar conscientemente. É um tipo de mediunidade ou paranormalidade. A maioria dos desdobramentos se dá de modo involuntário.

O acelerar da camada de ressonância de Schumann é percebido pelos cérebros, provocando alterações no sistema límbico e no lobo frontal. Nossos cérebros já deveriam estar em onda alfa, nessa altura da idade da atual humanidade, se estivéssemos tranquilos, seguros e em estado de harmonia interior. Mas estamos no lado oposto dessa equação. Assim, estamos em desarmonia com o planeta e, portanto, as mudanças no campo de ressonância de Schumann provocam irritações, impaciência, intolerância. Como tudo está sendo acelerado, sofremos com doenças cada vez mais precoces, doenças cerebrais são mais frequentes, existem mais conflitos, maior tensão entre os homens.

A Terra é um ser vivo, por muitos chamado de Gaia, que apresenta uma grade energética que envolve o planeta como teias, sendo formada por vários níveis de energia. Essa grade sustenta e organiza o planeta, mantendo a vida em todas as suas manifestações. É responsável pelo equilíbrio alquímico planetário. Não é assunto novo, pois foi conceituada por Hermes Trimegisto. Pitágoras, 500 a.C., a teorizou como um conjunto de linhas energéticas que passavam pela superfície planetária e os chineses e hindus a descreviam como linhas de fogo, denominadas de Caminhos do Dragão. Discípulos de Pitágoras resolveram demonstrar a teoria de seu mestre. Juntaram todas as formas dos sólidos de Platão, que são:

OCTAEDRO: oito faces triangulares e que representa o ar;
TETRAEDRO: quatro faces triangulares e que representa o fogo;
DODECAEDRO: 12 faces pentagonais e que representa o universo;
CUBO: seis faces quadradas e que representa a Terra;
ICOSAEDRO: 21 faces triangulares e que representa a água.

Em uma única figura, obtendo um mapa redondo com 120 linhas e 4.862 pontos de interseção dessas linhas entre si, provando a teoria de Pitágoras sobre a grade energética que envolvia o planeta.

Em 1921, Alfred Watkins, em Hertford, Inglaterra, que era um arqueólogo amador, em um dia de crise de gota, resolveu traçar linhas unindo todos os pontos importantes da Grã-Bretanha, como Stonehenge. Descobriu que estavam dispostos em linhas retas e estas formaram uma estrela em cujo centro sempre havia um local onde algo importante havia ocorrido. Batizou as linhas como Linhas de Ley. Anos mais tarde, cientistas resolveram testar o trabalho de Watkins e ratificaram os achados do arqueólogo amador, expandindo o estudo para o planeta, perceberam que as grandes cidades haviam sido construídas nos locais de interseção das linhas. Cairo, Londres, Paris, Berlim, Moscou, Washington, catedrais. Concluíram, portanto, que os pontos de interseção eram altamente energéticos e locais sem linhas ou pontos eram energeticamente pobres e sem importância. Essa energia forma uma teia na crosta terrestre. Brasília também foi construída sobre um ponto de Linha de Ley que passou a ser uma das redes energéticas da grade planetária.

Há, ainda, mais um conjunto de linhas de energia que envolve o planeta, denominado Linhas Telúricas que correm sob a crosta, sendo de frequência mais lenta.

Podemos dizer que a grade energética planetária é o sistema nervoso do planeta. Estudiosos esotéricos acreditam que existem chacras na Terra da mesma forma como existem nos duplo-etéreos dos seres vivos. O chacra básico seria na África e o coronário, no Tibete. Mas o importante é termos a consciência de que a Terra tem uma aura como nós. Da mesma forma que estamos ligados ao corpo físico através do fio de prata, estamos conectados ao planeta por delicadíssimos filamentos que partem de nossa aura e se conectam ao planeta, denominados fios de ouro.

Isso implica uma ação-reação com o planeta. Se nosso campo vibratório for positivo, estamos alimentando o planeta com energias de cura mas, se for negativo, estaremos sendo nocivos ao planeta. Ou seja, somos responsáveis pela Terra, assim como a Terra é responsável por nós. Temos o poder de salvar o planeta e, para tal, é preciso que oremos e vigiemos, como Jesus bem ensinou.

Orar no sentido de bem agir e vigiar a nós mesmos para errarmos menos.

A Terra é um planeta de nível evolutivo descrito como de expiações e provas, o que significa que o aprendizado não feito através do amor será realizado através da dor. Na verdade, é um planeta-escola para analfabetos emocionais que aqui estagiam para aprender a controlar suas emoções. Mas está chegando o fim desse ciclo que dura muitos e muitos milênios, porque a energia planetária já comporta outro tipo de manifestação de vida. Estamos em pleno período apocalíptico que significa a transição planetária para o nível denominado de regeneração, onde a dor será, progressivamente, substituída pela evolução por meio do amor.

Segundo vários Espíritos de Luz, esse novo nível energético será estabelecido entre 2052 e 2057. Mas a transição planetária, que é um salto quântico, não ocorre do dia para a noite. É um processo energético lento demais para minerais, vegetais e animais que sofrem nas mãos dos homens, tão inconscientes da vida nos demais reinos.

A psicosfera da Terra, atualmente, é formada por diversos patamares energéticos que abrigam almas em sintonia com eles. A correspondência para com o plano físico é total, ou seja, o que existe na terceira dimensão, existe, paralelamente, na quarta dimensão, como por exemplo rios, montanhas, vegetação. Para melhor entendermos, eles são definidos como:

UMBRAL GROSSO (2): Plano onde vivem os Espíritos mais endurecidos, que se esqueceram de sua origem divina. Quase tão denso quanto a crosta terrestre, onde vivemos quando estamos encarnados. É o local onde existem cidadelas, verdadeiras cidades medievais, governadas por Espíritos empedernidos no mal que são denominados de trevosos, como os magos negros, por exemplo. Nesse umbral, temos as furnas que constituem um conjunto de montanhas com grutas onde se refugiam Espíritos altamente doentes por causa de suas ideações malignas, quando encarnados. O Vale dos Suicidas é outra região desse plano terrivelmente triste, onde não existe qualquer luminosidade, nem água, nem vegetação. A vida é um tormento constante para quem está ali e não tem comando ou não faz parte de grupos de malfeitores espirituais. Nesse plano, estão também os Ovoides, que são seres que perderam a forma humana de tanto mal que fizeram e da firme determinação de ignorar as consequências disso, tornando-se massas energéticas tão densas que parecem pedras. É nesse plano que está a sede do Governo Oculto, formado por magos negros, grandes líderes trevosos e seres extraplanetários como draconianos.

UMBRAL MÉDIO (3): Plano onde vivem Espíritos apegados demais às suas culpas ou posses. Vivem na erraticidade, sem rumo, em desespero, sofrendo infinitas vezes suas culpas. É um plano de sombras, onde existe certa luminosidade, vegetação rasteira, riachos límpidos e muitos lodaçais. Mas, aqui, a misericórdia divina criou oásis de Luz, como as Casas Transitórias e os Postos de Socorro. Muitas caravanas de samaritanos percorrem esse local triste, resgatando Espíritos onde o arrependimento já fez morada. Onde a intercessão amorosa resgata almas para a cura.

TERCEIRO UMBRAL (4): Plano onde estão as colônias como Nosso Lar, Alvorada Nova, Nova Aurora, Vera Cruz, Rosa Cruz, Céu Azul e muitas mais. Essas colônias sempre se relacionam com cidades da crosta terrestre e são verdadeiras cidades de Luz, onde a organização é perfeita e os Espíritos podem se refazer, aprender e buscar novas oportunidades de reencarnação. A beleza desse plano é de tamanho vulto que, muitas vezes, temos vontade de não retornar ao ambiente, energeticamente poluído, da crosta terrestre. A vida em uma colônia é sempre de utilidade e aprendizado. As trocas entre Espíritos afins formam famílias que vivem juntas em moradias singelas. Existem hospitais, escolas, igrejas de todas os dogmas, faculdades, bibliotecas. Aqui, trabalhar não é obrigação, mas escolha. Sempre dizemos que é mais fácil ser bom onde não existe a competição. Deveria ser sempre assim, aqui na crosta. O poder mental, nas colônias, é desenvolvido e o Espírito aprende a plasmar o que necessita como roupas, alimentos (se ainda não conseguir alimentar-se apenas de prana). Aprende a volitar e que não existem limites físicos para ele, exceto aqueles em que acreditar. A mente está livre para criar.

PLANO DE ARTES, CULTURA E CIÊNCIAS (5): Plano onde são criados os projetos de artes, de descobertas científicas, de melhorias nas condições de vida da crosta terrestre. Acessível somente a Espíritos de maior evolução. De atmosfera muito leve, suas edificações são cristalinas e a beleza da natureza é de plena harmonia e paz.

AMOR FRATERNO UNIVERSAL (6): Plano onde estão os Espíritos responsáveis pela monitorização dos demais seres planetários. São os tutores cármicos, os mestres ascensos. Atuam por amor incondicional que já atingem. Dizem que a beleza desse plano é tamanha que descrevê-la é impossível.

DIRETRIZES PLANETÁRIAS (7): Plano onde estão os prepostos de Cristo, coordenando todo o planeta e os seres que aqui se manifestam, em todos os reinos. São os responsáveis por todas as mudanças planetárias, atuando até no impedimento de catástrofes programadas pelo governo oculto. Sua imensa energia mental e o amor incondicional que sentem estão salvando a Terra de nossa inconsequência. Por ser o plano mais exterior da psicosfera planetária, em janelas espaciais, tem interseção com o mesmo plano do planeta Marte, ocasiões onde ocorrem trocas de informações e de Espíritos.

Podemos visualizar as Planos de evolução anteriormente descritos na figura a seguir, percebendo que existe irregularidade na largura das esferas porque correspondem ao padrão vibratório da crosta terrestre. Por exemplo, o Umbral Grosso no Oriente Médio é mais largo que no Tibete.

CROSTA TERRESTRE

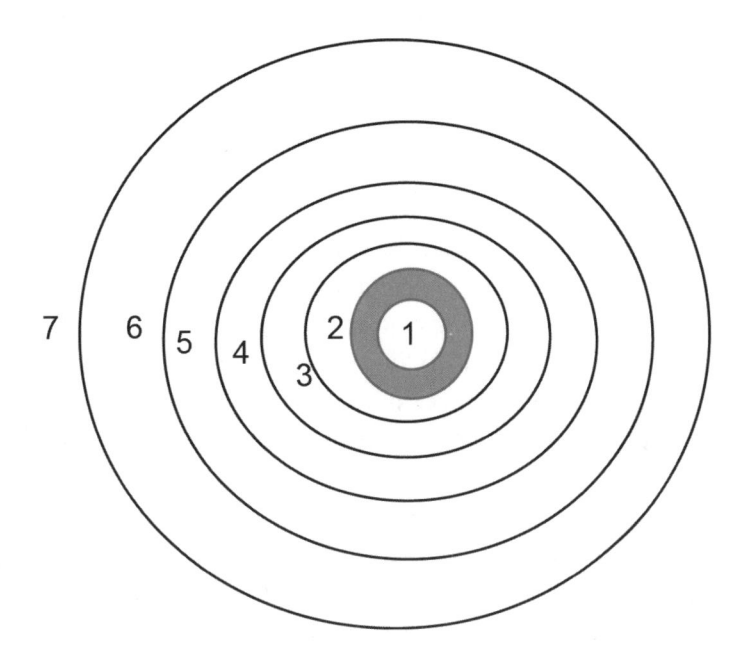

Estamos vivendo o período de transição planetária que começou no final dos anos 1980, quando ocorreu a Convergência Harmônica, momento em que muitas mentes se sintonizaram com as mudanças que iriam ocorrer. Os cataclismos dos últimos anos, como o tsunami da Indonésia, o terremoto do Chile, do Japão, da Turquia, da China, o furacão Katrina são ocorrências normais e naturais do planeta que está em convulsão. Certamente, ocorrerão novos cataclismos como sempre ocorreram na Terra. Mas mudanças precisam acontecer para que a nova raça humana possa viver.

Então, o degelo da Groenlândia é terrível, mas serve ao propósito divino, porque a tundra é solo fértil e virgem. Áreas como o sertão do Nordeste brasileiro estão saturadas e precisam descansar. Logo, é compreensível que venham a submergir, bem como é lógico que continentes submarinos, como a Lemúria e a Atlântida, emerjam dos mares limpas e férteis. A mudança dos polos magnéticos da Terra, que já está ocorrendo, concorrerá para mudanças vibratórias planetárias. Uma nova formação geográfica passará a existir na Nova

Terra. Muito será engolido pelos oceanos, muito virá dele. Mas tudo paulatinamente, como sempre aconteceu. Não devemos focar em tragédias para que elas não ganhem força de formas-pensamento. Nada será capaz de destruir este planeta. Nem mesmo nós, humanos.

Para que se estabeleça a Nova Terra, são necessárias mudanças em todos os níveis, e os prepostos de Cristo estão coordenando todo o processo. Assim, a partir do ano 2000, começou o exílio de Espíritos que se recusam a evoluir. Estão sendo relocados para planetas mais primitivos, onde poderão, na inconsciência da reencarnação, recomeçar e aprender. Bem como estão chegando Espíritos outrora exilados para novas oportunidades redentoras. A Nova Terra já está sendo ancorada, graças à misericórdia divina e a Jesus que, teimosamente, continua lutando por nós porque, absolutamente, nos ama.

Na Nova Terra, os planos espirituais serão diferentes, já que o Umbral Grosso desaparecerá de vez e o Umbral Médio, com o tempo. O Terceiro Umbral e o Artes, Cultura e Ciência ficarão mais largos e próximos da Crosta terrestre, influenciando os encarnados de modo mais direto e firme.

Na Nova Terra imperará o direito sobre a força e a dor cederá lugar ao amor. Por um período curto, ainda haverá carma, mas as expiações não serão tão duras porque os Espíritos serão mais despertos. Ações do mal como crimes e destruição da vida, em todos os níveis, não ocorrerão mais. Com o tempo, mesmos as doenças desaparecerão, porque iremos compreender que a dor é impeditivo e não alavanca. Iremos priorizar a evolução pelo bem que praticarmos, pelo autoconhecimento que desenvolvermos.

Na Nova Terra não haverá miséria nem riqueza, porque a luta pela sobrevivência nos levará a entender que unidos somos fortes e, sobretudo, que somos todos irmãos. O valor das coisas será o valor de sua utilidade. A vida será, infinitamente, mais simples.

Quando isso vai acontecer? Já está ocorrendo, aos poucos, como deve ser.

Capítulo 12

Nova Raça Humana

Se você pudesse escolher ficar na Nova Terra ou ir para outro planeta, o que faria? Oxalá, tenhamos essa opção. Bilhões de seres não terão, porque serão exilados para planetas condizentes com seu padrão vibratório.

Segundo os extraterrestres, a atual humanidade é composta por três grupos evolutivos, que abrangem os cerca de 15 bilhões de seres hominais do planeta, entre encarnados e desencarnados, levando-se em conta que milhões já foram retirados daqui. Cerca de 22% são Espíritos já despertos para a Lei da Fraternidade ensinada por Jesus e por Espíritos que estão despertando para a necessidade de se viver por essa lei. Cerca de 20% são Espíritos empedernidos no mal e que lutam, acirradamente, para não perder a posse sobre o planeta que julgam ser deles. E 58% são Espíritos adormecidos que vivem apenas para a realidade cotidiana, são comandados por dogmas religiosos que massificam as mentes e entorpecem os corações, fazendo-os crer que já estão salvos. Essa massa imensa de seres não pensa que vivemos eternamente e, por isso, apegam-se ao que têm e são capazes de atos contrários à lei trazida por Jesus, que é o único caminho para a libertação das dores. Em qual dos grupos cada um de nós estará? Pense nisso.

Você está satisfeito com a vida de hoje, no planeta? Sabe que morre uma criança de fome na África a cada dez minutos? Que crianças são sequestradas em países africanos para compor exércitos? Que crianças são sequestradas em muitos países, como no Brasil, para ser sacrificadas em rituais de magia negra? Que doenças são criadas em laboratórios para que remédios sejam vendidos e as indústrias farmacêuticas continuem sendo a maior fonte de riqueza do planeta? Que milhões de animais são esquartejados vivos para você se locupletar da dor deles, em deliciosos churrascos? Você tem consciência de tudo isso?

Esse, a meu ver, é o grande problema, porque a inconsciência nos torna cúmplices do mal que é praticado na Terra. Tão culpado é o criminoso quanto aquele que sabe do crime e nada faz para o impedir. Mas, você poderá dizer, nós não temos força para derrotar o mal que assola o planeta. Você pode poupar água, por exemplo, mas não consegue evitar que seu vizinho o faça. Gandhi disse, sabiamente, que se quisermos que o mundo se modifique, primeiro devemos modificar a nós mesmos. A paz nasce antes nos corações para, então, tornar-se bem comum.

Será que haverá tempo para que a atual humanidade acorde e mude seus paradigmas? Perceba, a Terra está se preparando para seu salto quântico. Se ela saltar e nós não, o que será de nós? Seremos exilados, seremos extintos? Muitos planetas acreditam que a extinção da humanidade não apenas salvaria a Terra, mas evitaria danos a outros seres. Segundo Chico Xavier e outros sensitivos, houve, em 1969, um concílio da Confederação Galáctica, entidade que reúne os planetas mais evoluídos tecnológica e/ou moralmente, décadas atrás. Muitos queriam a destruição da humanidade terrestre porque, ao dominarmos o átomo sem consciência e com baixa evolução, nos tornamos um perigo para o sistema solar e para a Via Láctea, nossa galáxia. Jesus convenceu-os a nos dar uma moratória que irá até 2019. É o tempo para baixarmos todas as armas. Se o homem compreender que não pode mais viver pela destruição e pela inconsequência, entraremos em um ciclo evolutivo, auxiliados por raças mais evoluídas moral e tecnologicamente. Mas se nos mantivermos como estamos, iremos colher os frutos amargos que plantamos.

Existem muitas possibilidades porque o futuro não existe. Existem o passado e o presente, como já falamos neste livro. Ideias reiteradas criam formas-pensamento que acabam por se cristalizar e ocorrer. Tanto vale para o mal quanto para o bem. É nossa escolha, sempre.

Então, sabemos que muitas coisas poderão ocorrer com a Terra e conosco, desde uma terrível Terceira Guerra Mundial, doenças fatais epidêmicas, catástrofes naturais. O ser das Plêiades que tem contato conosco, Shellyana, diz que uma raça mansa tem transição planetária mansa e uma raça violenta, uma transição igualmente violenta. É hora de começar a rezar, então.

    Atualmente, convivemos com a banalização do sofrimento alheio. Lembro-me de quando era criança e via alguém na rua, abandonado. Era motivo de pena, de conversas a meia-voz dos adultos. Era exceção. Hoje, estamos acostumados a ver famílias nas ruas, embaixo de pontes. Nem pensamos sobre isso. Nem evitamos que as crianças vejam, já que faz parte do cotidiano. Quando alguém era assaltado, os amigos e famíliares iam visitar, consternados. Hoje, se alguém que você conhece sofreu essa violência e não teve ferimentos físicos, você diz: "felizmente, nada de pior aconteceu". Porque nos acostumamos com assaltos.

    Que mundo é esse onde bebês são comidos e suas peles usadas para fazer roupas? Vitelas, cordeiros, porquinhos, bebês focas. Se você os come ou usa roupas feitas com eles, pense nisso, por favor.

    O predomínio do materialismo, a perda da conexão com Deus, a ausência da fé nos jovens de hoje é um panorama obscuro, se o usarmos como referência para o futuro. Somos escravos voluntários de um sistema de vida que ensina a possuir e não pensar. A Terra tem sido comandada, há milênios, por seres muito trevosos, em uma organização denominada por eles de governo oculto e que comanda o crime organizado, a política, a indústria farmacêutica, a mídia, a prostituição, as drogas, os governos. Vale-se de ideias plantadas subliminarmente, por meio de músicas, programas de TV, de filmes, fazendo-nos acreditar que o mal vence o bem, que o "importante é levar vantagem em tudo, certo?". Os illuminatti ficaram nas sombras por séculos até ser descobertos ou se fazerem descobrir. São o braço encarnado do governo oculto. Um deles.

    Enquanto que a Luz se expõe, as trevas se escondem.

    Vivemos, hoje, sob a égide do medo e do egoísmo que é alimentado pelo primeiro. O medo imobiliza e está sendo ampliado por todas as notícias que recebemos, propositalmente. Quem vive com medo, agride para se defender. Usa de ações até imorais e as justifica para si mesmo, para calar, temporariamente, a consciência. Mas tudo isso é ilusório, é mentira. O mal jamais irá vencer o Bem e se o plantio é livre, a colheita é obrigatória. Por isso, devemos agir sempre, pensando na eternidade porque somos eternos. Agir pensando nas consequências, porque a toda ação corresponde uma reação. Mas nascemos inconscientes do que já fomos e sabemos, desdentados, incompetentes para sobreviver se não tivermos auxílio externo. Perdemos anos aprendendo a andar, falar, escrever, ler. Essa é a lei em planetas de expiação e provas. O que não aprendemos em tempos de sorrisos, temos de aprender entre suor e lágrimas, como diz Emmanuel.

Porém, a misericórdia divina jamais abandona qualquer um de seus filhos. No pior momento da atual humanidade, a Terra começou a receber irradiação, chamada de feixe de fótons, proveniente do Sol central da galáxia, Hanabicu, como os maias acreditavam, que ganha potência ao passar por Alcione, a maior das estrelas das Plêiades, denomimda o "Sol dos sóis" pelos incas. Esse influxo energético, aceito pela astrofísica e que teve início em 1987, na convergência harmônica, começou a fazer grande diferença para dezenas, depois milhares, e, talvez, já sejamos milhões de hominais que estão alertas para as possibilidades do futuro da Terra e da humanidade nesse contexto.

Sabemos que bilhões serão exilados daqui e milhões chegaram. Outros milhões ficarão por mérito e escolha e centenas de milhões ficarão em quarentena, tendo a oportunidade de reconstruir o planeta, com base na fraternidade. A luta pela sobrevivência ensinará a compartilharmos o que tivermos, a trocar experiências e conhecimentos.

Se Chico Xavier estiver mais uma vez certo, se a humanidade não evoluir até 2019, o pior irá ocorrer, mormente no Hemisfério Norte, quartel-general do governo oculto. Os povos sobreviventes de lá irão invadir a América do Sul e o Brasil, país continente, será o novo lar da maioria destes. Teremos de dividir alimentos, água, moradias e, conhecendo a índole imperialista de alguns desses povos, temos de vibrar muito para que essa invasão seja mansa e não militar. Talvez, por isso, o Brasil seja referido como coração do mundo e pátria do evangelho. O brasileiro é acolhedor e solidário por natureza. Ainda é um povo de fé. Deveríamos tirar cinco minutos de cada dia nosso, sempre na mesma hora, para vibrarmos pelo nosso país e pelo planeta. Imagine o poder dessa vibração ampliado por várias pessoas. Se soubéssemos o poder mental que temos, quanta coisa já estaria diferente na Terra e em nossas vidas.

De um ponto tenho convicção: a Terra não será destruída nem a humanidade será extinta. E reforço minha certeza com os seres especiais que têm nascido aqui, principalmente os cristais, que já são a nova raça humana. Como pontuamos no capítulo dedicado a eles, têm consciência de que são diferentes e que devem fazer a diferença. Oxalá sejamos sábios o suficiente para segui-los, porque eles sabem o caminho para a paz.

Recentemente, Margarete Áquila e eu estivemos no mundo islâmico. Em virtude do radicalismo que conhecemos desses povos, temos uma noção de rigidez e secura. Mas o que existe lá é forte disciplina baseada no medo. Cruzamos com poucos bebês. A primeira foi em Pammukale, na Turquia. Ela vinha sentada em seu carrinho, linda e tranquila. Quando nossos olhares se encontraram, enviei a saudação que faço sempre aos cristais, mentalmente. Imediatamente, ela me sorriu e respondeu. Não se pode segurar a luz.

A Nova Humanidade já está sendo formada. A Nova Terra está sendo ancorada.

Uma grande prova disso ocorreu no terrível terremoto seguido por tsunami do Japão, anos atrás. Uma carta circulou na internet mas, dessa vez, não era mais uma das mentiras criadas por óculos de Pollyana. A pessoa era conhecida de um amigo meu que mora naquele país.

A cidade dessa moça foi destruída pelo tsunami. Felizmente para ela, sua casa e sua família não foram levados pelas águas furiosas do mar. Ela contou que algumas casas foram poupadas, enquanto a cidade foi destruída. Sem luz, sem água, sem mantimentos, os sobreviventes estavam em choque. Foi então que os que nada tinham sofrido, tinham alimentos, água e até energia elétrica começaram a agir, levando o que tinham para os que tudo haviam perdido. Uma ajuda anônima, um apoio essencial para que a vida fosse preservada. Muitos animais foram mortos, outros sofreram afogamentos mas sobreviveram. Há um vídeo no Youtube que mostra uma equipe de resgate, procurando sobreviventes em uma cidade totalmente destruída. São abordados por um enorme cão que late muito. Temem, então, que o animal tenha enlouquecido, mas o cão se afasta deles e se aproxima de outro que está deitado, imóvel. Ao ver a cena, se compadecem, acreditando que apenas o cão em pé estava vivo. Ao ver a imobilidade do companheiro, o cão começa a cutucar seu amigo até que este se move, dando aos homens a certeza de que poderiam resgatar os dois. Foram mesmo resgatados e levados a um petshop, cujo dono estava se dedicando a salvar animais, indo de bicicleta levar ração para onde encontrasse um animal vivo.

A Nova Terra já existe nesses corações japoneses e foi, por eles, ancorada. Como é ancorada a cada gesto em prol do próximo, seja ele hominal, animal ou vegetal. É preciso que compreendamos o quanto podemos fazer a diferença, também. Mais do que nunca, estamos lutando por nossa sobrevivência como espécie. Não podemos prever qual futuro nos colherá, mas podemos escolher o que plantar. Devemos escolher agir de modo fraterno, com leveza, com misericórdia, com gratidão a tudo e a todos.

Para sermos livres, é preciso que sejamos todos iguais.

Para sermos iguais, é preciso que vivamos pela lei da fraternidade.

Liberdade, igualdade, fraternidade.

"Mas aprendei de mim que sou manso e humilde de coração e achareis o descanso para vossas almas."

JESUS DE NAZARÉ

Capítulo 13

A Vida em um Planeta de Regeneração

Muito ouvimos e lemos de pretensos espiritualistas que vamos dormir na terceira dimensão e acordaremos na quinta, sexta ou até sétima dimensão. Ou ainda que fazendo o curso "A", a alto custo, ascensionamos. Simples assim.

Ora, nenhuma evolução se dá por pura teoria e se quisermos evoluir, de fato, é na prática do dia a dia. É na busca incessante de quem somos, do que somos capazes de fazer para o Bem Maior que conseguimos evoluir. Ainda que tenhamos períodos de férias nessa busca, afinal somos puramente humanos.

Mas vivemos um período de imediatismo e superficialidade, mesmo dentro de meios espiritualistas. Estamos alienados em nossa própria ilusão.

Todavia, convites claros nos chegam, todos os dias, para expandirmos nossa consciência além do "Eu".

Como já falamos neste livro, estamos no estágio vibracional de expiação e provas, verdadeira lavagem de roupa íntima suja. Período necessário para que nos livremos de mazelas construídas, de modo inconsciente ou não, pelo elevado grau de imaturidade que temos.

Não que sejamos Espíritos jovens, mas como tais nos comportamos, alimentando melindres, orgulhos e vaidades pueris que atrasam nosso desenvolvimento e o desenvolvimento da atual raça humana.

Aqui, um parêntese se faz necessário: somos a **espécie** humana.

Essa espécie divide-se em raças que se manifestaram em diferentes momentos da Terra.

Estamos na quinta raça humana. Aquela que sofrerá o período de transformação da Terra, quando esta se libertará da opressão de sintonias inferiores. Período denominado de expiação e provas. O próximo passo é chamado de regeneração.

A frequência vibratória da regeneração é mais rápida cerca de uma oitava, na escala musical.

Todavia, devemos perceber que, em nível atômico, o salto de um elétron para uma órbita mais alta implica emissão de energia, o que conhecemos como fótons.

Imaginemos, por um instante, que todos os átomos sofressem salto quântico de seus elétrons ao mesmo tempo, produzindo fótons. Tudo seria incinerado. Então, é compreensível que esses saltos ocorram em sequências progressivas.

Se assim é no átomo, assim é no universo.

A lógica nos mostra que é impossível um salto único e definitivo de expiação e provas (clave de fá), para o de regeneração (clave de sol). Assim, para falarmos de regeneração será necessário ir de nota em nota, nessa escala evolutiva.

Vamos traçar um paralelo entre o nível de expiação e provas e o de regeneração.

Naquele, em que vivemos, há o predomínio do material sobre o espiritual, do temporário sobre o eterno, da ilusão sobre a realidade. Existe o egoísmo em alto grau, a ganância, o preconceito, o predomínio da força sobre o direito. O carma de dor sobrepuja o dharma do amor. A dor é sentida sozinha. O amor incondicional, desconhecido. Convivemos com a injustiça social, o achatamento moral, a escravização das vontades. O corpo grita, enquanto a alma emudece vitimada que está pelo medo, raiz de todos os males, de todos os erros.

Já na vibração mais rápida e suave da regeneração, existe o predomínio do espiritual sobre o material, do eterno sobre o temporário, o predomínio do direito sobre a força. A expiação cede espaço à prova, o carma reduz-se frente ao dharma, a sociedade é mais justa e livre de preconceitos. Tudo isso porque os sentimentos tornam-se mais harmoniosos. Toda uma ressonância de paz tem eco nas almas e nos espíritos, nos hominais e nos animais.

Para que um planeta deixe de ser expiação e provas, é preciso que a massa crítica de seres conscientes que buscam a paz torne-se predominante, criando a possibilidade energética de quaquilhões de elétrons saltarem para órbitas novas, liberando os fótons que se traduzem em Luz.

Aos Espíritos e Almas incompatíveis com esse novo estado vibracional, o exílio é misericordioso ato dos prepostos planetários do Cristo. Se obrigados a viver em um estágio energético superior, o sofrimento e cisalhamento de suas redes neuronais lhes seria cruel castigo. Nada de proveitoso lhes traria além de incomensurável dor. Assim, são levados compulsoriamente para novas casas estelares, compatíveis com seu grau evolutivo, onde ajudarão e serão ajudados.

Esse exílios de bilhões de humanos, entre encarnados e desencarnados, produz um efeito de cura intenso sobre a grade energética planetária e a sensação é de se respirar um ar mais leve, ver-se um céu mais claro. Sem a opressão de Almas e Espíritos muito doentes, as mentes de encarnados e desencarnados sofrem menos com mensagens subliminares, com larvas mentais. Somem as ilusões do ter, cresce a necessidade de ser.

Esse *status quo* favorece a criatividade, impulsiona o desenvolvimento da intuição e a conexão com o sagrado interior torna-se sensível à maioria dos habitantes planetários, que compreendem, pela luta para a reconstrução do planeta e da vida, que somente pela fraternidade se sobrevive. Na verdade, a fraternidade nos ensina a viver.

Ao mesmo tempo em que bilhões são exilados, milhões retornam após estágios em outros mundos.

Este estado vibracional é nutrido por uma grade energética mais equilibrada e em processo de cura, com o seguinte escopo:

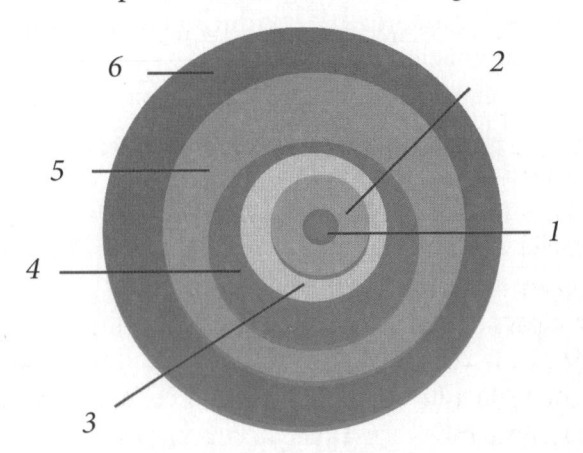

1- Crosta: local de manifestação dos encarnados
2- Umbral de transição: Espíritos borderline ou limítrofes
3- Terceiro Umbral: colônias
4- Artes, Cultura e Ciência: onde se desenha a evolução planetária
5- Amor Fraterno Universal: local de onde os tutores cármicos coordenam as reencarnações
6- Diretrizes Planetárias: onde os prepostos crísticos regem as inter-relações com outros planetas.

Em seu estágio inicial, o planeta de regeneração ainda não tem suas diferentes esferas evolutivas homogêneas, regulares, pois a psicosfera está se ajustando a um novo estado de existência. O umbral grosso, sede dos Espíritos mais rebeldes, desaparece por completo, uma vez que seus habitantes foram retirados.

Mas o umbral médio ainda persiste, com os Espíritos limítrofes. Ou seja, nem tão rebeldes para ser exilados e nem tão despertos para a busca da lei da fraternidade de modo a garantir sua permanência. Estão estes em período probatório e lhes cabem as tarefas mais árduas da reconstrução. Se abandonarem o medo que os prende ao paradigma passado, conquistam, por méritos, sua permanência no novo planeta ou, se desejarem, podem seguir a outros orbes que lhes convenham como escola. Os demais estágios dimensionais permanecem como antes.

A crosta terrestre, alimentada por essas esferas paralelas de energia, tem seu dia a dia voltado para o estabelecimento de padrões mais elevados de vida.

De imediato, o combate às injustiças sociais impera e líderes sábios e benévolos assumem a condução dos povos mundiais, ainda com identidades nacionais fortes.

Todos os campos do conhecimento passam por modificações intensas, visando não apenas à terceira dimensão, mas à multidimensionalidade.

Pouco a pouco, convergem todas as religiões para um mesmo credo e passa a ser a lei da fraternidade a crença central. Os hominais começam a compreender a Fonte Criadora. Os diferentes dogmas convergem para a prática da caridade e da iluminação de todos. A mediunidade é cada vez mais estudada, compreendida é desenvolvida.

Ganha peso a filosofia e a busca da ética é ensinada nos lares e nas escolas, anulando as malhas da corrupção, interna e externa.

Os governantes trabalham para o bem-estar do todo. Os cientistas trazem as curas das doenças, da atmosfera, das águas e das terras contaminadas pela ganância que, pouco a pouco, perde o sentido. Os animais passam a ser respeitados e cuidados com responsabilidade e não mais como escravos dos humanos. Os vegetais tornam-se a fonte principal de alimentação e são compreendidos como irmãos jovens.

As escolas ensinam sobre o universo que nos envolve, as artes trazem beleza pura.

Os sentimentos vão ganhando cores suaves e a empatia cresce em todos.

Esse estado de expansão da consciência planetária abre as fronteiras planetárias a habitantes de planetas mais evoluídos e a humanidade passa a conviver com a família cósmica.

As famílias voltam a ser a célula máter da sociedade, mas a responsabilidade e o conhecimento progressivo da lei da causalidade as torna mais estáveis e berço seguro para os reencarnantes.

A causa ainda gera efeitos e sempre gerará. Contudo, o aprendizado duro da transição relembra sempre que o caminho do meio é o mais seguro e que somente com a compreensão do erro este deixa de ser cometido.

Séculos se passam nessa transição. Quando a humanidade se torna uma, unida pelo desejo de progresso, o planeta atinge o estágio de regeneração plena.

Já sem os Espíritos e Almas despreparados, sofre uma definitiva mudança em seu desenho energético, desaparecendo os últimos resquícios dos planos inferiores.

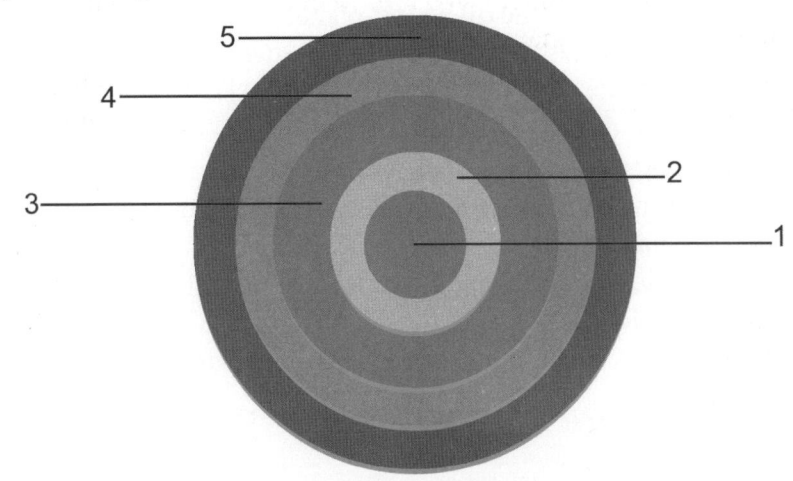

1- Crosta terrestre
2- Plano de transição: colônias
3- Artes, Cultura, Ciências
4- Amor Fraterno Universal
5- Diretrizes Planetárias

Além dessas mudanças em nível planetário, acontecem outras nos habitantes do mesmo.

Nos séculos de estabelecimento da vibração de regeneração, a vida, expansão progressiva da consciência, predispõe os hominais a significativas transformações em seus hábitos, porque seus interiores passam a cultuar novos ideais.

Com o tempo, embora persistam as reencarnações, pouco a pouco as memórias das vidas passadas tornam-se mais vivas. As aquisições não se perdem mais nos véus do tempo. Assim, uma cantora guarda a capacidade e o talento porque este é usado em prol da evolução, da beleza, do todo. Da mesma forma, um médico mantém o conhecimento, ainda que não escolha exercer esse campo de atividade.

As lembranças de amor e dor, ainda que não claras, deixam seus perfumes, mais ou menos intensos, de acordo com o grau de maturidade da Alma, para ser base de novos aprendizados, do estabelecimento de laços de fraternidade entre afins, de perdões e esperanças de novos porvires.

O jugo da matéria vai sendo reduzido e a paz e o progresso imperam em todas as regiões planetárias.

Nesse estágio, o planeta abriga seres de várias espécies, vibratoriamente compatíveis, de diferentes planetas. A família é cósmica.

As crianças já nascem com a telepatia desenvolvida, comunicando-se livremente com seus pares. As escolas são voltadas para o desenvolvimento de cada aluno, sendo respeitadas suas aptidões. Os programas existenciais são seguidos muito mais fielmente. Contudo, nada impede uma Alma de mudar trajetórias se esse novo projeto for de ganho pessoal e coletivo.

Um mundo de regeneração tem muito mais liberdade porque tem mais maturidade, formada pelo conhecimento das leis universais. Fato comum, igualmente, são jovens irem para academias em outros planetas.

O trabalho é encarado como atividade importante para todos, não pela posição ou remuneração, mas porque se tem a convicção de que sair proativo é alicerçar bases para melhorias gerais. Ninguém faz algo que lhe escravize a mente ou o coração. As atividades, mesmos as braçais, não comprometem a saúde do trabalhador.

Aliás, não existem doenças infectocontagiosas ou consumptivas. Os poucos males que persistem são tratados de forma holística, combinando energias e medicamentos florais.

Há imenso respeito pelos animais, que são livres da violência hominal. Não mais sendo mortos nem usados em trabalhos escravos, vivem livres e amados. Convivem com hominais que os recebem como tutores responsáveis.

Planetas de regeneração possuem alto grau de equilíbrio ecológico, evitando, assim, a necessidade de cadeia alimentar entre os animais para controle das espécies. Nascem e morrem números necessários e suficientes para a manutenção da homeostasia.

Sem espécies peçonhentas ou sanguessugas, nada prejudica o consistente equilíbrio entre todos os habitantes planetários.

Os hominais não ferem a natureza com suas construções que são harmônicas com o meio em que existem.

A tecnologia visa preservar o equilíbrio da grade energética planetária.

Onde existe paz, existe progresso.

Crianças Especiais em Ação

Nos links listados, você poderá ver crianças cristais e índigos em ação. Repare no olhar. Aí está a chave de identificação.

A maioria dos links é sobre arte, porque é o caminho mais curto de manifestação desses Espíritos preparados, e a música é cura, em qualquer planeta, desde que seja de boa qualidade.

AMIRA WILLIGHAGEN > CRISTAL
https://www.youtube.com/watch?v=qDqTBlKU4CE&hd=1
https://www.youtube.com/watch?v=r8KrpwqxE4g&hd=1
https://www.youtube.com/watch?v=rbt2yo4u1cU&hd=1
ARIKSANDRA LIBANTINO > ÍNDIGO
https://www.youtube.com/watch?v=rD23pVdBoig&hd=1
BEBE RUSSA DESCONHECIDA > CRISTAL
https://www.youtube.com/watch?v=i7W3ICpONVs&feature=youtu.be&hd=1#aid=P-796saD6qk
ALE > CRISTAL
https://www.facebook.com/photo.php?v=10152040314382476&set=vb.636102475&type=2&theater
JULIAN NEWMAN > ÍNDIGO
http://globotv.globo.com/rede-globo/fantastico/v/detetive-virtual-desvenda-se-video-de-menino-prodigio-do-basquete-e-verdade-ou-mentira/2516515
TITUS > CRISTAL
https://www.youtube.com/watch?v=7AjBWl8gp-8&hd=1
LUCAS > CRISTAL
https://www.youtube.com/watch?v=ieiPpzbcMEE&hd=1
LUIZ ANTONIO > CRISTAL
https://www.youtube.com/watch?v=8WBMhndyJ-w&hd=1
JONATHAN OKSENIUK > CRISTAL

https://www.youtube.com/watch?v=S5fxvMZ3P-w&hd=1
https://www.youtube.com/watch?v=9c5Lcz9Itu8&hd=1
https://www.youtube.com/watch?v=61ZIYeyggOI&hd=1
http://noveltreasure.hubpages.com/hub/3-Year-Old-Symphony-Composer
AKIM CAMARA > CRISTAL
https://www.youtube.com/watch?v=JN2SQ4m7M04&hd=1
https://www.youtube.com/watch?v=DreyVZ49_mA&hd=1
SHUAN HERN LEE> CRISTAL
https://www.youtube.com/watch?v=RnVNZ413yfE&hd=1
MELISSA VANEMA > CRISTAL
https://www.youtube.com/watch?v=OyEL3NJSHIk&hd=1
BRIANNA KAHANE > CRISTAL
https://www.youtube.com/watch?v=GEOZ31HeZT4&hd=1
https://www.youtube.com/watch?v=qhpxRHxKkIQ&hd=1#aid=P-9SAu6fHP9w
CONNIE TALBOT > ÍNDIGO

https://www.youtube.com/watch?v=pHzg7-fKtXE&hd=1
https://www.youtube.com/watch?v=e78P5EH0UVs&hd=1
LEXI WALKER > ÍNDIGO
https://www.youtube.com/watch?v=mcsdzuKqY8Y&hd=1
https://www.youtube.com/watch?v=CRILeEuts04&hd=1
https://www.youtube.com/watch?v=pXkMy5OwzTw&hd=1
https://www.youtube.com/watch?v=kd2yL4e1GtI&hd=1

TEMPO DE MUDANÇAS
http://www.dailymail.co.uk/news/article-2578257/Hip-hip-hooray-Hippos-fight-crocodile-attacking-gnu-escort-animal-safety.html

RESPOSTA DO TESTE DO CAPÍTULO 3: O ALEMÃO CRIA PEIXES

Nota do Editor

A Madras Editora não participa, endossa ou tem qualquer autoridade ou responsabilidade no que diz respeito a transações particulares de negócio entre o autor e o público.

Quaisquer referências de internet contidas neste trabalho são as atuais, no momento de sua publicação, mas o editor não pode garantir que a localização específica será mantida.